D0924474

MEMORIA

Cuerpo y salud

Aaron P. Nelson
con Susan Gilbert

MEMORIA

Todo lo que se necesita saber
para no olvidarse de las cosas

PAIDÓS

Barcelona
Buenos Aires
México

Título original: *Harvard Medical School Guide: Achieving Optimal Memory*
Publicado en inglés, en 2005, por McGraw-Hill, Nueva York

Traducción de Jorge Herrero Corral

Cubierta de Idee

La información recogida en este libro está pensada para procurar ayuda
e información sobre el tema abordado. En ningún caso puede sustituir la consulta
con un médico. Cualquier uso de la información recogida en este libro
es responsabilidad del lector. El autor, el editor, así como el presidente
y los miembros del Harvard College quedan al margen de cualquier
responsabilidad derivada directa o indirectamente del uso o la aplicación
de cualquiera de las informaciones recogidas en este libro. Cualquier situación
concreta debe ser consultada con un profesional de la salud.

Quedan rigurosamente prohibidas, sin la autorización escrita de los titulares del *copyright*, bajo
las sanciones establecidas en las leyes, la reproducción total o parcial de esta obra por cualquier
medio o procedimiento, comprendidos la reprografía y el tratamiento informático, y la
distribución de ejemplares de ella mediante alquiler o préstamo públicos.

© 2005 by the President and Fellows of Harvard College
© 2008 de la traducción, Jorge Herrero Corral
© 2008 de todas las ediciones en castellano
Ediciones Paidós Ibérica, S.A.,
Av. Diagonal, 662-664 – 08034 Barcelona
http://www.paidos.com

ISBN: 978-84-493-2087-3
Depósito legal: B. 53.461/2007

Impreso en Hurope, S.L.
Lima, 3 - 08030 (Barcelona)

Impreso en España – Printed in Spain

Para Margaret, Julia y Ava

Los verdaderos amados del mundo son, a ojos de sus amantes, como lilas en flor, como los faros de los barcos, las campanas de la escuela, como un paisaje, como conversaciones recordadas, los amigos, el domingo de un niño, las voces perdidas, su traje favorito, el otoño y las demás estaciones, la memoria, sí, porque es la tierra y el agua de la existencia, la memoria.

Truman Capote

Sumario

Agradecimientos

Hace no demasiado tiempo, la idea de tratar a las personas afectadas de pérdidas de memoria relacionadas con la edad o con enfermedades devastadoras de la memoria se consideraba algo parecido a luchar contra molinos de viento. Sin embargo, durante los últimos veinte años han cambiado mucho las cosas. Yo he tenido la suerte de ejercer mi profesión en una época (y en un lugar de trabajo) en la que cada día parece que nos encontramos más cerca de desvelar los secretos del cerebro y los misterios de la memoria humana. Estamos a punto de descubrir un tratamiento capaz de modificar la evolución de las enfermedades y, potencialmente, de mejorar las funciones cognitivas normales.

Escribir este libro ha sido un proyecto de equipo. Estoy en deuda con todas las personas que han colaborado en este trabajo. La figura del doctor Martin Samuels, jefe de Neurología del Hospital Brigham and Women's, resultó fundamental para desencadenar la secuencia de acontecimientos que terminó poniéndome en contacto con el doctor Tony Komaroff, editor jefe de Harvard Health Publications, a quien estoy enormemente agradecido por su confianza y su apoyo en este proyecto. El doctor Samuels también tuvo la idea de crear un espacio para la investigación de la neurología del comportamiento en un momento en que crear nuevas unidades clínicas era un trabajo muy costoso. El doctor Jonathan Borus, jefe de Psiquiatría del citado hospital, es otro de los pilares de nuestro proyecto y un defensor a ultranza de nuestro trabajo hospitalario y en la Facultad de Medicina.

Los editores Judith McCarthy, de McGraw-Hill, y el doctor Tony Komaroff, de Harvard Health Publications, nos han orientado muy acertadamente al comienzo de este proyecto. Nancy Ferrari ha supervisado pacientemente este documento para Harvard Health Publications, y Raquel Scott ha trabajado a conciencia para reunir las figuras y las ilustraciones. Julia Anderson Bauer, de McGraw-Hill, supervisó las fases finales de revisión y producción. El doctor Daniel Schacter, de la Universidad de Harvard, nos dio su generoso permiso para tomar prestados fragmentos de sus brillantes trabajos. El doctor Charles Guttman, del laboratorio quirúrgico del Hospital Brigham and Women's, y el doctor David Snowdown y sus colegas de la Facultad de Medicina de la Universidad de Kentucky nos han facilitado imágenes de cerebros para poder ilustrar los puntos clave.

Me siento privilegiado por trabajar en el seno de un grupo fabuloso de colegas, concienzudos y dotados de un gran talento, tanto en la Facultad de Medicina de la Universidad de Harvard como en el Departamento de Neurología Cognitiva y Comportamental del Hospital Brigham. El doctor Kirk Daffner condujo con maestría a nuestro grupo por entre las aguas tormentosas de la medicina académica, guiándonos con un compromiso desinteresado hacia nuestro triple objetivo de investigar, enseñar y proporcionar la más moderna asistencia a nuestros pacientes. Las doctoras Mary-Ellen Meadows y Dorene Rentz han sido unas maravillosas compañeras desde nuestros primeros días en el Hospital Brigham.

Los doctores Kirk Daffner, Wes Farris, Margaret O'Connor y David Wolk leyeron varios capítulos del libro antes de su publicación, proporcionándome sagaces comentarios sobre los contenidos, ayudándome a comprender muchos aspectos complejos. Margaret, en concreto, ha sido mi revisora más sincera y es posible que haya olvidado más cosas sobre la memoria de las que yo llegaré a saber a lo largo de mi vida.

David Diamond, Evan Kaplan y David Rubinstein me han aconsejado sabiamente y han sido unos camaradas excepcionales; cada uno de ellos es mi mejor amigo.

Estoy profundamente agradecido a Susan Gilbert, mi colaboradora en este proyecto, cuya paciencia y voluntad me han ayudado a cumplir con al menos algunos de los plazos de entrega.

Mi trabajo no tendría ningún significado sin mis pacientes ni sus familias, que siguen dándome lecciones de cómo afrontar la adversidad con coraje, en una muestra de humanidad. El entusiasmo de mis colegas de posdoctorado, de mis estudiantes y ayudantes (el doctor Meghan Searl, el doctor Aaron Hervey, Mimi Boer, Karen Sullivan, Dmitry Meyerson y Alyson Negreira) me recuerda continuamente la importancia de las emociones en el trabajo que todos nosotros realizamos.

Por encima de todo, estoy agradecido por mi familia, por Margaret, Julia y Ava, que hacen que todo este trabajo y todo este tiempo merezcan la pena. A ellas les dedico este libro. Siguen recordándome cada día que hace falta algo más que una buena memoria para tener buenos recuerdos.

Aaron Nelson

Introducción

Usted puede conservar y mejorar su memoria

Es probable que usted haya escogido este libro porque le preo-cupa no recordar tan bien como solía hacerlo. Puede que le resulte molesto, o que incluso tema que se trate del comienzo de un dete-rioro más grave. Como jefe de Neuropsicología del Hospital Uni-versitario Brigham and Women's, dependiente de la Facultad de Medicina de la Universidad de Harvard, puedo asegurarle que no es el único. He atendido a miles de pacientes preocupados por el estado de su memoria. Algunos de ellos padecen enfermedades neurológicas, pero un número mucho mayor se encuentran com-pletamente sanos y se desenvuelven con soltura tanto en su traba-jo como en su vida privada, sobre todo aquellos que cuentan entre treinta y cuarenta años de edad. Aun así, algo falla.

Las investigaciones indican que casi al 40% de las personas de esta edad les preocupa su memoria. A menudo los pacientes acuden a mi consulta para que los examine a causa de olvidos rela-tivamente menores. «A veces entro en la cocina y olvido por qué iba allí —me aseguró una anciana—. Si me quedo allí durante uno o dos minutos suelo recordarlo. Pero no siempre.»

Otros pacientes me comentan que olvidaron dónde habían aparcado su coche en el centro comercial o que se quedaron en blanco cuando tenían que introducir la contraseña de su tarjeta de crédito en el cajero automático. Algunos de ellos cuentan que tienen que releer una y otra vez las páginas de los libros porque no son capaces de retener la información tan bien como antes. Otros confiesan que han cometido errores en el trabajo y que temen las consecuencias. «Mientras hacía una presentación en nuestra reunión trimestral de ventas, mi vicepresidente me dirigió una pregunta básica sobre nuestras actividades en el extranjero —me comentó un hombre de unos cincuenta años que trabaja como director de cuentas en una importante empresa de electrónica—. Tenía la respuesta en la punta de la lengua, pero no pude decir nada. Me quedé helado.»

No voy a engañarlo, probablemente a mí me preocupan tanto mis lapsus de memoria como a usted los suyos. Le voy a contar algo que nos pasó a mi esposa, que dirige el servicio de Neuropsicología en otro hospital afiliado a la Universidad de Harvard, y a mí. Estábamos en el coche, a unos setenta kilómetros de nuestro hogar, en un viaje de vacaciones, cuando nuestra hija de seis años comenzó a buscar su «mantita», que habíamos olvidado. En lugar de enfrentarnos a la desesperación de la pequeña, dimos vuelta atrás para recuperar su preciada posesión. Afortunadamente lo hicimos. Al llegar a la entrada de nuestra casa, nos percatamos de que nos habíamos dejado puestas las llaves del otro coche, ¡con el motor encendido!

Como médico especialista en la memoria, puedo asegurarle que episodios como los que acabo de citar no suelen suponer el comienzo de ningún trastorno cerebral degenerativo del tipo de la enfermedad de Alzheimer. No sólo eso; existen multitud de actividades que puede realizar para fortalecer su memoria. En este libro se explica por qué tenemos más dificultad para recordar a medida que envejecemos y qué se puede hacer al respecto. Describiremos sencillos métodos para prevenir la pérdida de memoria, sea ésta debida al envejecimiento o bien a una enfermedad. También revelaremos nuevos descubrimientos sobre el funcionamiento del cerebro y analizaremos tratamientos innovadores para los trastornos de la memoria.

Algunos fallos de la memoria son parte normal del proceso de envejecimiento

Del mismo modo que ni su vista es tan nítida como en el pasado, ni su oído tan agudo (aunque esto pueda tener alguna relación con los ruidosos conciertos de rock a los que asistió en su juventud), los procesos de acceso a la memoria que efectúa su cerebro empeoran a medida que se envejece. La pérdida de memoria relacionada con la edad no es una patología, sino el resultado de cambios normales, tanto en la estructura como en el funcionamiento del cerebro, asociados al envejecimiento. Estos cambios afectan a la capacidad de concentración, la rapidez en el procesamiento de la información, la eficacia con que se almacenan los recuerdos y la facilidad con que se accede a ellos. Estos efectos son especialmente apreciables a partir de los cincuenta años.

Aunque parezcan malas noticias, en realidad no lo son. Por una razón muy concreta: la pérdida de memoria debida únicamente al proceso de envejecimiento es relativamente menor. No pretendo subestimar la frustración que tanto usted como yo sentimos cuando olvidamos algo que sabemos que debemos recordar. Sin embargo, los problemas de la memoria relacionados con la edad no son ni tan graves ni tan frecuentes como para que interfieran de manera significativa con su capacidad para realizar las labores de su vida diaria, es decir, para desempeñar su trabajo o sus labores domésticas. Lo que es aún más importante, usted puede prevenir la aparición de la mayor parte de estos problemas con la ayuda de sencillos métodos para mejorar la capacidad de concentración, memorizar de una forma más eficaz y facilitar el acceso a los recuerdos. Estos métodos han funcionado con mis pacientes, conmigo, y también pueden funcionar con usted.

Mejore su memoria mejorando su salud

Hace unos años acudió a mi consulta un ejecutivo de cincuenta y cinco años que había observado una notable disminución tanto en su capacidad para realizar varias tareas a la vez como para retener datos relacionados con su trabajo. Las pruebas pusieron de manifiesto que presentaba una especial dificultad para prestar atención y concentrarse, dos actividades cruciales para el eficaz funcionamiento de la memoria. No padecía ningún trastorno psiquiátrico ni ninguna enfermedad neurológica, pero sí sufría una dolencia que la mayoría de la gente no relaciona con problemas de la memoria: la apnea obstructiva del sueño.

La apnea obstructiva del sueño es una afección bastante común por la que aparece un trastorno respiratorio durante el sueño que conduce a cientos de «minidespertares», que fragmentan el ciclo del sueño. Las personas que padecen apnea obstructiva del sueño pueden llegar a dormir entre ocho y diez horas, o más, y, aun así, cuando se despiertan sienten que están cansadas y que no pueden hacer frente a sus requerimientos diarios. Las personas con esta enfermedad están menos atentas, tienen una mayor dificultad para procesar la información y, por lo tanto, también para aprender y recordar. En cuanto corregimos la apnea obstructiva del sueño de mi paciente, su capacidad para prestar atención y concentrarse, y por consiguiente para aprender y recordar información, mejoró a su vez.

Lo que nos indica este ejemplo es que la enfermedad de Alzheimer no es la única causa de la pérdida de memoria. Existen trastornos mucho más habituales, y tratables, que pueden provocar fallos de memoria, dificultad para concentrarse y demás problemas relacionados. La mayor parte de estas afecciones van haciéndose más comunes a medida que se envejece, como la hipertensión, la hipercolesterolemia, las enfermedades tiroideas y la ya citada apnea obstructiva del sueño. Otras pueden afectarnos casi a cualquier edad, como la depresión, el alcoholismo, el insomnio o la toxicomanía. Además, los malos hábitos dietéticos, el tabaquismo y un estilo de vida sedentario son también factores responsables de los problemas de memoria. Si cuida sus hábitos y recibe el tratamiento apropiado para sus dolencias físicas y psicológicas, podrá recuperar y mejorar su función cognitiva. Lo que es bueno para su salud es bueno para su memoria.

MANTENGA SU CEREBRO EN FORMA

En nuestros días, los científicos hablan de mantener el cerebro en forma del mismo modo que en el pasado hablaban de mantener a tono el sistema cardiovascular. La explicación es la siguiente: Desde hace una década sabemos que existen diferentes actividades que pueden realizarse para mantener sanos tanto el corazón como los vasos sanguíneos. Medir la tensión arterial y los niveles de colesterol, no fumar, seguir una dieta baja tanto en grasas saturadas como en ácidos grasos trans, y realizar ejercicio de forma regular son métodos de probada eficacia para disminuir el riesgo de padecer infartos y demás trastornos cardíacos. Pues resulta que prácticamente todas las actividades beneficiosas para el sistema cardiovascular son también beneficiosas para la salud del cerebro. En realidad, esto no supone una gran sorpresa, ya que el cerebro depende en gran medida de los nutrientes y de las energías procedentes de los alimentos, que recibe a través del sistema vascular. En la actualidad los investigadores tratan de identificar otras formas de mejorar tanto la agilidad como el rendimiento del cerebro, para conseguir así reducir, o incluso invertir, los problemas de memoria asociados al envejecimiento.

Es cierto que las cualidades de nuestra memoria están determinadas, en parte, por nuestros genes (poder elegir a nuestros padres sería de ayuda), pero conservar un estado y un funcionamiento cerebrales óptimos depende de numerosos factores, y la mayor parte de ellos están bajo nuestro control. Por lo tanto, resulta conveniente sacar el máximo rendimiento de estos factores y desarrollar lo antes posible hábitos saludables, manteniéndolos a largo plazo. A continuación detallaremos algunas de las principales actividades recomendables:

- *Prevenir la aparición de hipertensión e hiperlipidemia.* Lo que es malo para el corazón es malo para el cerebro. La hipertensión y el colesterol alto dañan los vasos sanguíneos más pequeños y, por lo tanto, hacen que disminuya el suministro de nutrientes, de los que depende el funcionamiento del cerebro. Una forma sencilla de evitar su aparición es seguir una dieta equilibrada, sana para el corazón. El libro del doctor Walter Willett *Eat, Drink and Be Healthy: The Harvard Medical School Guide to Healthy Eating* (2001) es una excelente referencia a este respecto.

- *Practicar ejercicio físico o aeróbic durante entre treinta y cuarenta y cinco minutos al día, al menos cuatro días por semana.* Son cada vez más numerosas las pruebas que demuestran la influencia beneficiosa del ejercicio aeróbico sobre la salud del cerebro, sobre la plasticidad cortical y sobre la capacidad del cerebro para crear nuevas neuronas y formar un mayor número de conexiones entre dichas neuronas. Todas estas acciones ayudan a mejorar la memoria.

- *Consumir alcohol con moderación.* Las investigaciones indican que el consumo moderado de bebidas alcohólicas (una o dos al día) tiene efectos beneficiosos sobre el sistema cardiovascular. Sin embargo, un consumo excesivo puede resultar tóxico para la actividad neuronal y producir carencias alimentarias.

- *Dormir el tiempo necesario.* Para la mayoría de nosotros, significa dormir unas ocho horas, aunque esta necesidad puede variar entre los diferentes individuos, y a lo largo de la vida de una misma persona. En determinados estudios realizados durante los últimos años, se sugiere que un descanso de calidad y con una duración suficiente es básico para ayudar a que el cerebro asimile nuevos conocimientos, una de las claves del funcionamiento de la memoria a largo plazo. Un buen sueño es un sueño reparador. Si usted tiene problemas, bien con la cantidad o bien con la calidad de su sueño, consulte a su médico.

- *Controlar el estrés.* Vivir con algún grado de estrés forma parte de la condición humana. De hecho, en cantidades moderadas, el estrés puede incrementar la función cognitiva, ya que hace que prestemos una mayor atención, y permite además que nos concentremos mejor en nuestras tareas. Por el contrario, demasiado estrés anula la capacidad del cerebro para mantener la atención y, poco a poco, conduce a una verdadera degeneración de la función cognitiva. También se han asociado con el estrés las concentraciones elevadas de la hormona cortisol, que pueden llegar a provocar daños en regiones internas del cerebro básicas para el funcionamiento de la memoria.

- *Considerar la opción de tomar complejos vitamínicos.* Está demostrado que el consumo juicioso de suplementos antioxidantes, como la vitamina C, se asocia a una reducción en la concentración de radicales libres (sustancias producidas por el organismo que pueden tener efectos neurotóxicos). Asegúrese de consumir una cantidad suficiente de vitamina B, ya que su deficiencia contribuye a la pérdida de memoria.
- *Reducir al mínimo el consumo de benzodiacepinas y demás fármacos que presentan efectos adversos para el funcionamiento cerebral.* Consulte a su médico y estudien la posibilidad de probar otras alternativas terapéuticas, si fuera posible.
- *Extremar las precauciones al consumir medicamentos de venta sin receta.* La mayoría de los medicamentos de venta sin receta pueden interferir con el funcionamiento de la mente por su efecto sobre los neurotransmisores, además de por sus posibles interacciones con los medicamentos prescritos, e incluso con los suplementos dietéticos. Es el caso de los antihistamínicos, los antiácidos y los somníferos. Infórmese sobre los efectos secundarios de estos medicamentos y consulte a su médico.
- *Seguir aprendiendo cosas nuevas,* nuevas habilidades, nuevos deportes, nuevas aficiones, es decir, descubra nuevas áreas de interés personal. El concepto de «úselo o piérdalo» puede aplicarse al cerebro con toda propiedad.
- *Reducir al mínimo las actividades pasivas, como ver la televisión.* Aunque ver la televisión pueda interpretarse como un tipo de actividad mental, los estudios indican que, por norma general, las personas que pasan intervalos de tiempo relativamente grandes frente al televisor disfrutan de peor salud física y cognitiva.
- *Mantener una sensación psicológica de apego a la vida.* Éste es uno de los factores más importantes y menos considerados en el momento de intentar mejorar la memoria. Trate de descubrir qué es lo que hace que su vida sea importante: su familia, sus amigos, una meta autoimpuesta o incluso el

compromiso con una idea o con una fe. Aunque los fundamentos de este apego evolucionen a lo largo de la vida, el sentimiento de mantener una conexión vital con algo que nos importa puede ser constante.

NUEVOS TRATAMIENTOS
PARA LOS PROBLEMAS DE MEMORIA

Nuestros conocimientos sobre los procesos subyacentes que permiten el almacenamiento y la recuperación de los recuerdos están en constante evolución. Se está avanzando a pasos agigantados en lo que respecta a la comprensión del funcionamiento del cerebro. Se han identificado genes que afectan tanto a los cambios que se producen en la memoria con el paso de los años, como a las probabilidades de padecer trastornos de la memoria, como por ejemplo la enfermedad de Alzheimer. También somos capaces de comprender mejor la influencia de las hormonas del estrés y de las hormonas reproductivas sobre el funcionamiento del cerebro y los procesos de aprendizaje y recuerdo. Todos estos hallazgos nos permiten explicar la razón por la cual es muy probable que usted tenga dificultades para pensar con claridad cuando sufre de estrés. Además, los resultados de estos estudios justifican los problemas de memoria que las mujeres experimentan durante la menopausia y después de ella, así como los que padecen los hombres que presentan concentraciones bajas de testosterona. Gracias a este libro, usted podrá ponerse al día sobre las últimas investigaciones científicas sobre la memoria.

Todo lo que estamos aprendiendo acerca del cerebro conduce al desarrollo de tratamientos para mejorar la memoria. En estos momentos existen cinco medicamentos para el tratamiento de la enfermedad de Alzheimer que ya han sido aprobados por la Administración de Fármacos y Alimentos de Estados Unidos (FDA, por su sigla en inglés): donepezilo (Aricept), galantamina (Reminyl), memantina (Namenda), rivastigmina (Exelon) y tacrina (Cognex). Además, hay otros fármacos de propiedades similares en fase de estudio. Algunas investigaciones tratan de aplicar estos medicamentos para tratar los trastornos de la memoria menos graves, también llamados «alteraciones cognitivas leves». Ahora que es posible incrementar los procesos cerebrales de la memoria mediante el uso de medicamentos, se presenta la posibilidad de emplear fármacos para potenciar una memoria ya buena de por sí. De hecho, una tendencia muy en auge últimamente es el consumo de medicamentos (así como de suplementos vitamínicos) por parte de gente sana, con la esperanza de estimular su memoria más allá de los límites normales.

Es posible que, en un primer momento, parezca una gran idea, e incluso puede que en un futuro próximo lleguen a desarrollarse potenciadores de la memoria beneficiosos para todos nosotros. Sin embargo, es mucho lo que aún desconocemos, y a mí me preocupan sus posibles efectos secundarios. Al igual que sucede con los esteroides y demás sustancias que consumen los atletas para aumentar su rendimiento físico, la proliferación de potenciadores de la función cognitiva crea multitud de dilemas éticos y legales, además de suponer posibles riesgos para la salud, de los cuales vamos a hablar en este libro. En determinadas ocasiones los medicamentos aprobados por la FDA se administran con un propósito diferente al establecido; otras veces se anuncian como si fueran la panacea medicamentos que no han sido aprobados por aquélla. Confío en que usted tenga en cuenta todas estas cuestiones si encuentra en Internet alguno de estos fármacos o suplementos que prometen dotarlo de una memoria «superhumana».

El objetivo de este libro es idéntico a mi objetivo como médico: ayudar a la gente a mejorar su memoria tanto como sea posible. Los métodos y tratamientos aquí descritos funcionan, no son difíciles de llevar a cabo ni tampoco resultan caros. Son una aplicación práctica de todo aquello que conocemos sobre la forma en que el cerebro procesa la información y construye nuevos recuerdos. Sea cual fuere la edad que se tenga, las actividades que proponemos minimizan la pérdida de memoria relacionada con el envejecimiento, previenen los potenciales efectos secundarios de las enfermedades más comunes e invierten algunos de los daños que se hayan podido producir. Dicho de otra forma, usted puede mejorar su memoria.

Capítulo 1

¿Qué es la memoria?

Cuando hablamos de la memoria, nos referimos tanto a aquello que recordamos como a nuestra capacidad para recordar. Podría pensarse que una memoria en condiciones óptimas es como una gran base de datos donde se graba y almacena el conjunto de lo que aprendemos y experimentamos con toda fidelidad. Pero, en realidad, ésa no sería una memoria óptima de ningún modo.

No todos los recuerdos se crean de igual manera. Algunos únicamente deben retenerse durante un corto período de tiempo, y después se desechan. Imagine qué pasaría si usted llevara en su cabeza cada número de teléfono que ha marcado a lo largo de su vida o recordara el sitio y el momento exactos en los que vio por primera vez cada una de las películas que ha visto. Estos recuerdos abarrotarían su mente y, como la ropa vieja en un armario o los trastos en un garaje, harían mucho más difícil encontrar lo que de verdad se necesita.

Los recuerdos que son importantes o tienen una fuerte carga emocional se almacenan en el cerebro durante mucho tiempo; están tan arraigados en su mente que forman parte de usted. Son las imágenes, las experiencias y los conocimientos que forman parte intrínseca de su identidad psicológica y social. Su memoria contiene hechos e imágenes, como por ejemplo los nombres y los rostros de sus seres queridos. También incluye procesos y habilidades, como los necesarios para saber conducir un coche o para jugar al golf, además de los conocimientos especializados necesarios para su trabajo. Por norma general, empezamos a preocuparnos cuando comenzamos a olvidar alguno de estos datos importantes.

El proceso de aprender informaciones nuevas, almacenarlas y, después, recuperarlas, abarca complejas interacciones de las diferentes funciones cerebrales. Comprender este proceso puede ayudarlo a apreciar la razón de que algunos recuerdos permanezcan mientras que otros desaparecen. Las partes del cerebro que se activan para poder recordar algo a corto plazo son distintas de las que se emplean para hacerlo a largo plazo.

LA MEMORIA A CORTO PLAZO

La memoria a corto plazo está formada por toda aquella información que se necesita recordar durante pocos segundos o minutos, para después desaparecer. Es, por ejemplo, la fecha y la hora de una cita que usted acaba de concertar, y que debe recordar únicamente hasta que lo anote en su agenda o en su PDA. La *memoria de trabajo* es un tipo de memoria a corto plazo un poco más compleja. La memoria de trabajo comprende todos aquellos datos que retenemos durante un breve período de tiempo para utilizarlos con un propósito específico. Imagínese la memoria de trabajo en términos informáticos: sería la información necesaria para hacer aparecer y mantener activa una ventana de aviso.

La memoria de trabajo entra en juego, por ejemplo, cuando tenemos que tomar rápidamente la decisión de escoger entre varias opciones. Supongamos que usted se encuentra en un supermercado y que intenta decidir si resulta más económico comprar el tamaño familiar o el tamaño mediano de un detergente. En ese momento, usted recuerda el precio de cada uno de ellos y hace un cálculo mental del precio por kilo, para de este modo decidir cuál compra. Lo más probable es que, en cuanto gire hacia el próximo pasillo, haya olvidado los precios, porque ya no necesita esa información.

Los recuerdos a corto plazo son efímeros. Desaparecen rápidamente porque otros nuevos están reemplazándolos de forma continua, y sólo podemos almacenar una cantidad determinada de

EVALÚE SU MEMORIA A CORTO PLAZO

Una forma excelente de evaluar el estado de la memoria a corto plazo es comprobar cuántos números somos capaces de recordar en un orden dado y en el orden inverso. Cuantos más números podamos recordar, mejor será el estado de nuestra memoria a corto plazo. Recordar números en orden inverso es más difícil, ya que implica la utilización de la memoria de trabajo (el «bloc de notas» de la memoria a corto plazo). Para poder invertir la secuencia, primero tenemos que recordar los números en el orden establecido. Un resultado excelente en esta prueba sería recordar ocho o más números en el orden original y siete o más en el orden inverso.

Aunque tanto esta prueba como las demás que aparecen en este libro forman parte del conjunto de pruebas empleadas en las evaluaciones clínicas, conviene subrayar que realizar alguna de ellas no capacita para emitir ningún diagnóstico. Diagnosticar es un proceso muy complejo en el que se tienen en cuenta una gran cantidad de datos sobre el paciente. El propósito de las pruebas para evaluar la memoria que figuran en este libro es dar algunas indicaciones sobre cómo se evalúan ciertos aspectos de la memoria. Si usted está preocupado por el estado de su memoria, es importante que lo consulte con su médico.

RETENCIÓN DE NÚMEROS EN ORDEN

En primer lugar, pídale a alguien que lea la primera secuencia de números (la más corta) a razón de un número por segundo. Después, repita la secuencia en orden. Repita este proceso con la siguiente línea de números, y así sucesivamente, hasta que usted falle dos veces seguidas. (Puede realizar esta prueba sin ayuda, cubriendo cada secuencia de números después de haberla leído y escribiéndola a continuación en orden.)

4-6-3-9

5-9-4-2-7

8-1-5-1-9-0

6-3-9-2-0-6-7

5-0-1-7-4-9-6-3

8-1-8-6-0-4-7-2-6

RETENCIÓN DE NÚMEROS EN ORDEN INVERSO

Esta prueba es más difícil que la anterior, ya que es necesario usar la memoria de trabajo para recordar la secuencia ordenada el tiempo suficiente como para conseguir darle la vuelta. Pídale a alguien que lea la primera línea de números. A continuación repítala en orden inverso. Por ejemplo, para la secuencia 5-8-2-4, la respuesta correcta es 4-2-8-5. (También puede realizar esta prueba sin ayuda, cubriendo cada secuencia después de haberla leído y, a continuación, escribiéndola en orden inverso.)

5-8-2-4

6-0-5-1-8

9-2-6-2-3-7

7-8-4-7-3-1-9

5-9-6-9-3-8-2-0

Puede hacerse una idea de lo bien que funciona su memoria comprobando cuál es la secuencia más larga que es capaz de recordar. Cuanto mayor sea la secuencia, mejor será su memoria. También puede usar estas pruebas para saber si su memoria ha mejorado con las técnicas que recomendamos en este libro, especialmente con el «método de fragmentación», que se explica en el capítulo 10.

ellos a la vez. Las investigaciones realizadas indican que la mayor parte de las personas son capaces de retener únicamente entre cinco y nueve fragmentos de información no relacionados. Ésa es la razón de que resulte más sencillo recordar un número telefónico de siete dígitos que un número mucho mayor, como el de la cuenta corriente o el de la tarjeta de crédito.

De hecho, la naturaleza efímera de la memoria a corto plazo es beneficiosa porque permite descartar todos los datos innecesarios. Si retuviéramos cada recuerdo a corto plazo, nuestra mente estaría tan sobrecargada con cosas triviales que tendríamos problemas para recordar aquellas realmente importantes.

En su obra del año 1968, *Pequeño libro de una gran memoria*, el famoso neuropsicólogo ruso A. R. Luria describe el caso de un científico (a quien llama S) que parecía tener una capacidad ilimitada para recordar los detalles. Sin embargo, este talento le impidió hacer frente a su vida diaria. S podía retener tal cantidad de información que no era capaz de organizarla en categorías según su importancia. Le resultaba totalmente imposible establecer prioridades u objetivos, es decir, vivir su propia vida. Al final del libro, S aparece como una figura trágica, que habita en un mundo confuso, abarrotado de datos inútiles y vacío de cualquier significado o relación social que hiciese merecer la pena vivir.

El sistema cerebral que regula la memoria a corto plazo, además de disponer de una capacidad limitada, es funcionalmente frágil. La memoria a corto plazo es como una burbuja que explota por culpa de una ligera corriente de aire, ya que se ve perturbada con facilidad por cualquier interrupción. Si usted está intentando recordar un número de teléfono y alguien irrumpe en la habitación y le hace una pregunta, es muy posible que olvide ese número y que deba mirarlo otra vez. Esa información adicional (la pregunta) es suficiente para hacer desaparecer un recuerdo a corto plazo. Siguiendo con la analogía informática, cuando un nuevo dato entra en la carpeta «Temporal», se borran otros, que se desvanecen en el ciberespacio.

LA MEMORIA A LARGO PLAZO

La memoria a largo plazo está compuesta por fragmentos de información que el cerebro almacena durante períodos más largos que unos pocos minutos, y que recupera cuando los necesita. Dicho de otra forma, la memoria a largo plazo es la suma total de lo que usted sabe: un compendio de datos que incluyen su nombre, dirección, los nombres y números de teléfono de sus familiares y amigos, así como informaciones más complejas, como sonidos e imágenes de acontecimientos que sucedieron hace décadas. También comprende aquellos datos que se utilizan cada día: la manera de preparar café, de manejar un ordenador o de realizar todas las intrincadas secuencias necesarias para la realización de su trabajo o sus labores domésticas.

La diferencia entre la memoria a corto plazo y la memoria a largo plazo no es tan sólo una cuestión de permanencia, sino también de capacidad (la cantidad de información que puede almacenar el cerebro). Aunque el cerebro puede hacer malabarismos con unos pocos recuerdos a corto plazo, su capacidad en cuanto a los recuerdos a largo plazo es prácticamente ilimitada. A menos que usted sufra alguna enfermedad o lesión, siempre podrá aprender y retener algo nuevo.

Los recuerdos a largo plazo son mucho menos frágiles que los recuerdos a corto plazo, lo que quiere decir que permanecen más o menos intactos, incluso cuando alguien interrumpe nuestros razonamientos. En capítulos posteriores del libro especificaremos qué significa lo de «más o menos intactos». Como avance comentaremos que la memoria a largo plazo no funciona como una cámara de vídeo, en la que se graba un acontecimiento y permanece sin cambio alguno, para después reproducirlo idénticamente diez, veinte o mil veces. Los recuerdos de sucesos y experiencias específicas son dinámicos, es decir, tienden a cambiar, de forma sutil o de forma sustancial, con el paso del tiempo. A medida que se acumulan experiencias nuevas y se forman recuerdos nuevos, los recuerdos más antiguos parecen cambiar y reconfigurarse, como en un caleidoscopio.

Por ejemplo, es posible que usted se hubiese encontrado por primera vez con su futura esposa décadas antes, durante cualquier situación cotidiana, como una reunión entre sus respectivas empresas, por ejemplo. Usted estaba tan preocupado por firmar un contrato con un cliente nuevo que ni siquiera se fijó en la mujer que estaba sentada al otro lado de la mesa. Tres meses después, alguien le presenta a esa misma mujer durante una fiesta, y usted se enamora sin remedio. Empiezan a salir y se casan dos años después. Ahora saltemos en el tiempo hasta su vigésimo aniversario de boda, durante el cual está rememorando cómo se conocieron. Usted recuerda el primer encuentro en la reunión de negocios, y precisamente en ese momento su recuerdo es el de haber estado enamorado desde el mismo instante en que se vieron.

La forma en que recordamos algo está influida en gran medida por quiénes somos. Somos el reflejo de la interacción entre una cantidad incontable de variables que forman nuestra personalidad. A esto debe añadirse la totalidad de las experiencias vitales y de recuerdos asociados a ellas. Para hacerlo un poco más complejo, si cabe, la forma de ser de cualquiera de nosotros evoluciona con el paso del tiempo. Así que lo que usted recuerda y la forma en que lo hace también va a cambiar.

Cómo vivimos nuestras experiencias y cómo las recordamos está determinado por nuestra posición relativa durante el acontecimiento en desarrollo, por nuestra perspectiva al observarlo. Esta perspectiva es fundamental en el momento de determinar a qué aspectos de un suceso prestamos atención, y también qué interpretación le damos. Dos personas que intervengan en una misma acción tendrán diferentes perspectivas. Su diferente posición física respecto a lo que sucede, además de sus distintas características psicológicas, serán decisivas en cuanto a la forma en la que cada participante perciba y recuerde dicha interacción. Este fenómeno ha sido bautizado como el «efecto Rashomon», en reconocimiento a la obra maestra cinematográfica *Rashomon* (1950), de Akira Kurosawa, en la que se narra un mismo hecho desde las cuatro diferentes perspectivas de las respectivas personas que participaron en él.

No todos los recuerdos a largo plazo duran para siempre, ni siquiera de forma alterada. Si no se usan o se vuelven irrelevantes, algunos de estos recuerdos desaparecen con el paso del tiempo. Seguramente, usted habrá leído alguna vez un libro que le habrá maravillado para, al cabo de los años, darse cuenta de que de él recuerda poco más que el título. Lo más probable es que no haya pensado ni en la trama ni en los personajes desde hace mucho tiempo. Por el contrario, determinados recuerdos a largo plazo son increíblemente persistentes, con independencia de cuán frecuentemente se piense sobre ellos. Muchos de los adultos a los que trato se sorprenden por su propia habilidad para recordar detalles insignificantes de su infancia, como los castigos que recibieron sin razón, el proyecto de ciencias de quinto curso o la habitación donde durmieron durante unas vacaciones de verano.

Los recuerdos a largo plazo pueden agruparse en dos categorías principales: la *memoria declarativa* y la *memoria procedimental*.

Recordar la hora y el lugar de una cita para comer la semana que viene (memoria declarativa) es diferente a recordar cómo se conduce una bicicleta (memoria procedimental). La memoria declarativa es más vulnerable a los efectos de la edad y a los efectos de los trastornos cerebrales (como la enfermedad de Alzheimer) que la memoria procedimental.

LA MEMORIA DECLARATIVA

La memoria declarativa comprende todas aquellas informaciones que requieren que hagamos un esfuerzo consciente para recordarlas. Esta clase de memoria a largo plazo también se denomina memoria explícita. Hay dos tipos de memoria declarativa: la *episódica* y la *semántica*. Los recuerdos episódicos están vinculados con acontecimientos sucedidos en un momento determinado y en un lugar concreto. La fiesta a la que usted asistió el fin de semana pasado, el viaje que realizó el pasado verano, la película que vio hace veinte años; todos son recuerdos episódicos, sucesos ligados a un contexto espacio-temporal específico. Cuando rememoramos un acontecimiento, recuperamos información temporal (cuándo sucedió) e información espacial (dónde sucedió).

La memoria semántica está compuesta por los datos objetivos. Consiste en la mayoría de los conocimientos básicos que usted ha adquirido en la escuela y también en un conjunto de datos, como el nombre de su madre, su dirección o el significado de la palabra *invierno*. A diferencia de los recuerdos episódicos, los recuerdos semánticos no están ligados a ningún lugar o momento. Por ejemplo, no es posible recordar el momento en el que aprendemos el nombre de nuestra madre. E incluso aunque usted sepa cuándo aprendió las tablas de multiplicar o el nombre del primer presidente de Estados Unidos, ese momento preciso no tiene importancia en lo referente a su conocimiento o recuerdo de los hechos.

LOS RECUERDOS «FLASHBULB»

¿Dónde se encontraba usted cuándo se enteró del ataque sobre el World Trade Center? ¿Con quién estaba hablando? ¿Qué hizo justo después? Todos los detalles que usted recuerda constituyen un recuerdo «flashbulb», un término con el que los investigadores designan los recuerdos de acontecimientos públicos inesperados y con una gran carga emocional. El asesinato del presidente de Estados Unidos, John F. Kennedy, la explosión del transbordador espacial *Challenger* o los ataques terroristas del 11 de septiembre son recuerdos arraigados en la memoria de los millones de personas que presenciaron estos acontecimientos, tanto directamente como a través de la televisión o de otros medios de comunicación.

Los recuerdos «flashbulb» suelen incluir una gran cantidad de detalles minúsculos de nuestra experiencia del acontecimiento: las condiciones climáticas, lo que se estaba haciendo en ese momento, con quién se estaba, y así sucesivamente. Es muy posible que la combinación del profundo significado social y del impacto emocional del suceso ayude a integrar el recuerdo en la memoria a largo plazo. El poder psicológico de este tipo de acontecimientos activa la amígdala, la estructura cerebral implicada en el funcionamiento de la memoria que desempeña el papel más importante en el procesamiento de las emociones.

Durante mucho tiempo se ha asumido que los recuerdos «flashbulb» permanecían en la memoria de forma más consistente y con una mayor precisión que los recuerdos de experiencias ordinarias. Pero en varias investigaciones se ha observado que el recuerdo de las experiencias traumáticas también puede ser vulnerable a la distorsión a lo largo del tiempo.

Un estudio que tuvo mucha repercusión fue el realizado para evaluar los recuerdos a largo plazo sobre la explosión del transbordador espacial *Challenger*, ocurrida en enero de 1986. Ciento seis personas completaron un cuestionario que constaba de siete preguntas el día después de la tragedia. Se les preguntó dónde estaban, con quién, qué estaban haciendo, y así sucesivamente, en el momento en el que tuvieron noticia de la explosión. Aproximadamente tres años después, se localizó a 44 de los participantes y se les pidió que respondieran a las mismas preguntas. La media de respuestas correctas fue de tres de cada siete, y el 25% de los encuestados respondieron erróneamente a todas las preguntas. A pesar de lo equivocado de sus respuestas, los participantes evaluaron su confianza en lo acertado de las mismas en más de cuatro puntos sobre cinco.

Más recientemente, un grupo de científicos de la Universidad de Duke compararon los recuerdos de los acontecimientos del 11 de septiembre con recuerdos de otros episodios más ordinarios. Los científicos preguntaron a los participantes por sus recuerdos de los dos grupos de sucesos una semana, seis semanas y treinta y dos semanas después de que los hechos tuvieran lugar. Aunque los participantes aseguraron que sus recuerdos del 11 de septiembre eran mucho más intensos y precisos que los recuerdos de los acontecimientos normales, los investigadores observaron que tanto la precisión como la consistencia de los dos tipos de recuerdos eran muy similares.

La conclusión que podemos extraer de estos resultados es que los recuerdos «flashbulb» están sujetos a los mismos sesgos y las mismas distorsiones que afectan al resto de recuerdos episódicos a largo plazo. Pero, aunque sean imperfectos, los recuerdos «flashbulb» son uno de los tipos de recuerdos más duraderos, dado que suelen acarrear una gran carga emocional y que suelen aparecer en los medios de comunicación con bastante frecuencia. Los recuerdos «flashbulb» vuelven a nuestra mente cada vez que vemos alguna referencia a ellos en el periódico, en la televisión o en un libro de historia.

LA MEMORIA PROCEDIMENTAL

La memoria procedimental se refiere, como su propio nombre indica, a los procedimientos: a las habilidades y rutinas a las que recurrimos de forma automática para realizar acciones como vestirnos, barajar un mazo de cartas o pilotar un avión. Desarrollar una habilidad o una rutina correctamente implica que el estado de la memoria procedimental es el adecuado. Aunque podamos acceder a los recuerdos procedimentales sin demasiado esfuerzo, cada uno de ellos ha requerido práctica y esfuerzo para aprenderlos. Pero una vez hemos adquirido una determinada habilidad, somos capaces de realizarla sin necesidad de recordar ni cómo la aprendimos ni cada uno de los pasos que requiere por separado. Cuando usted coge su bicicleta para dar un paseo, no se dice a sí mismo: «Vale, primero monto en el sillín, después pongo el pie izquierdo en el pedal izquierdo…», y demás. Simplemente se monta y pedalea. Es como si su cuerpo pensara por usted.

El viejo dicho «Nunca se olvida cómo montar en bicicleta», parece ser del todo cierto. Los recuerdos procedimentales no se desvanecen ni cambian significativamente con la edad. Puede que usted se sienta un poco «oxidado» si no ha montado en bicicleta o tocado el piano desde hace tiempo. Pero, con un poco de práctica, será capaz de volver a desarrollar esas habilidades o rutinas. Incluso las personas que padecen Alzheimer pueden llevar a cabo gran cantidad de tareas rutinarias hasta que alcanzan estados avanzados de la enfermedad. Algunos científicos opinan que la memoria procedimental es resistente porque está almacenada en las profundidades del cerebro y no depende para su funcionamiento del hipocampo, una de las partes del cerebro más vulnerable a los efectos del envejecimiento.

CÓMO SE FORMAN LOS RECUERDOS

Ahora que ya conoce los diferentes tipos de memorias o recuerdos que existen, y sabe cuáles se ven más afectadas por el envejecimiento, pasaremos a explicar cómo funciona el proceso de recordar. En el capítulo 2 conocerá paso a paso cómo se forman los recuerdos en el interior del cerebro: qué sucede cuando nos topamos con una información nueva, cómo es procesada y almacenada por el cerebro, y cómo somos capaces de recuperar esa información cuando la necesitamos. Asimismo aprenderá algunos métodos para lograr que esos recuerdos queden arraigados con fuerza.

Capítulo 2

Cómo recordamos

Mientras usted lee este libro, su cerebro está procesando información y, si todo va bien, será capaz de recordarla durante muchos años. Pero ¿adónde va exactamente toda esa información? Uno de los mitos más duraderos sobre la memoria es que almacenamos nuestros recuerdos en un lugar concreto del cerebro, algo así como un banco de datos. En el pasado, los científicos asumían que los recuerdos se formaban al depositarlos en este banco, y que podíamos recuperarlos simplemente sacándolos de allí. Según ellos, una vez que acabábamos de usar estos recuerdos, los volvíamos a depositar en el mismo sitio.

Aunque durante mucho tiempo se sospechó que esto no es lo que en realidad sucede, tan sólo hace veinte años se pudo demostrar que era falso. Con la ayuda de las técnicas de diagnóstico por imagen (como las radiografías o las tomografías) se pudo vislumbrar por primera vez el funcionamiento del cerebro. Aplicada al cerebro, esta tecnología se denomina *neuroimagen funcional*, e incluye la tomografía por emisión de fotón único (SPECT), la tomografía por emisión de positrones (PET) y la resonancia magnética funcional (RMNf). Gracias a estas técnicas, los investigadores pueden ver el trabajo que realiza el cerebro, cuantificando la circulación sanguínea y siguiendo el rastro metabólico de determinadas sustancias en su interior, para así identificar aquellas regiones más activas durante una actividad mental concreta. En otras palabras, los investigadores pueden ver qué zona del cerebro usa una persona para realizar distintas actividades mentales. Esta investigación ha aumentado notablemente nuestro conocimiento sobre cómo funciona el cerebro.

LAS REDES CEREBRALES DE LA MEMORIA

Cuando los investigadores emplearon las técnicas de diagnóstico por imagen para estudiar el cerebro durante sus trabajos sobre el aprendizaje y la memoria, observaron que los recuerdos no se almacenan en ningún sitio concreto, como un banco de memoria, sino que están ampliamente repartidos por distintas redes de *neuronas* (células nerviosas del cerebro), situadas a lo largo y ancho del cerebro. La mayor parte de estas redes se emplazan en la *corteza cerebral*, que es la capa exterior de los dos hemisferios cerebrales y la parte más desarrollada del sistema nervioso humano. La corteza contiene alrededor de veinte mil millones de neuronas, que son las responsables de la complejidad de nuestros pensamientos y razonamientos. En la figura 2.1 se muestra la anatomía de una neurona.

Casi todas las neuronas tienen un nivel de especialización muy alto, ya que responden de forma selectiva a tipos de estímulos concretos. Por ejemplo, algunas neuronas se activan únicamente en respuesta al movimiento de un objeto que atraviesa nuestro campo visual en una dirección determinada. Así que unas neuronas se activarán, por ejemplo, cuando un perro pase del patio de su vecino al suyo, pero no lo harán si realiza el recorrido contrario. Otras responden a los sonidos emitidos en un tono concreto, mientras que otras responden al sabor salado, pero no al dulce. Las neuronas de otra región del cerebro controlan los movimientos voluntarios, desde andar hasta arrancar un coche o tocar el piano. Y, finalmente, otros grupos de neuronas nos permiten hablar, escribir y tomar decisiones.

Desde hace mucho tiempo sabemos que las diferentes zonas del cerebro se especializan en procesar diferentes tipos de información. Por ejemplo, las habilidades lingüísticas se concentran en los lóbulos frontal y temporal en más del 90% de la población,

Figura 2.1. *Características anatómicas de una neurona*

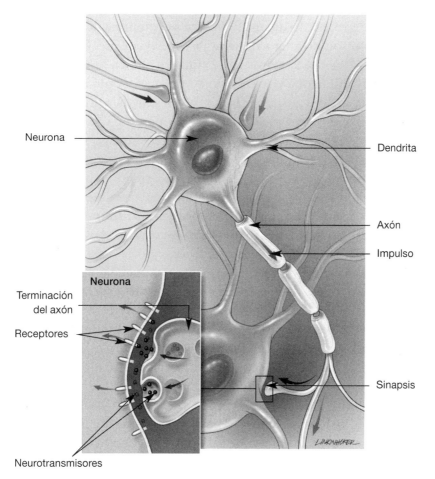

mientras que la «vista» (es decir, el registro cerebral de imágenes transmitidas desde los ojos) se produce en los lóbulos occipitales de la parte posterior del cerebro. Otros datos, como los procedentes del oído y el olfato, o el análisis de la información espacial (encontrar un camino o jugar al ajedrez) se procesan en regiones diferentes del cerebro.

Entonces, ¿qué relación tiene todo lo anterior con la memoria? Da a entender que un recuerdo no queda almacenado en ningún sitio específico, como un libro en una estantería. En lugar de eso, nuestro cerebro divide cada recuerdo en sus componentes informativos y conduce cada tipo de dato a la región del cerebro especializada en su procesamiento. Tomaremos una manzana como ejemplo. El recuerdo de una manzana se compone de su aspecto, su sabor, su sonido al morderla, y así sucesivamente. Cada una de estas cualidades de la manzana se almacena en un lugar diferente del cerebro. Su forma visual se almacena en el lóbulo occipital; su sabor, en la corteza gustativa, la ínsula y la amígdala. El sonido que produce está registrado en los lóbulos temporales, y su nombre, en los lóbulos temporal y parietal. En el momento en que deseamos recuperar el recuerdo de una manzana, todas estas regiones cerebrales se activan y trabajan en común para componer la «experiencia» de una manzana al completo, como los instrumentos de una orquesta sonando al unísono para producir una sinfonía.

Pero eso no es todo. Cada recuerdo se conecta con muchos recuerdos relacionados. Por ejemplo, si usted asocia las manzanas con la tarta de manzana que hacía su madre y con el día de Acción de Gracias, eso quiere decir que cada uno de estos recuerdos está entrelazado con los otros dos. Al disponer de una red tan amplia para almacenar los recuerdos, el cerebro se asemeja a Internet. Recuperar recuerdos es como hacer una búsqueda en Internet, donde una o dos palabras activan docenas o incluso cientos de hipervínculos.

Para tratar de entender todo lo que podemos abarcar gracias a estos hipervínculos, le proponemos que juegue a «seis grados de separación de Kevin Bacon». El objetivo básico del juego es conectar un actor (o persona conocida) a Kevin Bacon a través de una serie de no más de seis vínculos. Este juego resulta muy sencillo para los aficionados al cine, que son capaces de relacionar al más oscuro productor de la década de 1930 con cualquier actor actual a través de una serie de vínculos.

La memoria funciona de una forma similar. Los recuerdos individuales se encuentran en el interior de una red increíblemente densa de asociaciones y conexiones de la que, con un poco de práctica, se puede obtener un torrente virtual de datos. Todos hemos pasado alguna vez por la experiencia de recordar algo que parece surgir de la nada, para darnos cuenta, después de reflexionar un poco, de que ha sido un pensamiento fugaz o una imagen aislada lo que ha hecho aparecer ese recuerdo.

LAS TRES FASES DE LA MEMORIA

No obstante, ¿cómo se almacena la información de lo que vemos, oímos y aprendemos en nuestra vida cotidiana? No estamos completamente seguros, aunque se han propuesto varios modelos. El primero de ellos, concebido en la década de 1960, postulaba que los nuevos conocimientos pasan por tres fases distintas. Durante la primera de ellas, el cerebro registra las experiencias sensoriales (lo que vemos, oímos, olemos...), después el recuerdo pasa al sistema de almacenamiento a corto plazo y, finalmente, se incorpora a la memoria a largo plazo o, por el contrario, es descartado por no haber sido considerado lo suficientemente importante como para almacenarlo a largo plazo. Las investigaciones realizadas sobre personas con amnesia se han centrado en las fases del aprendizaje, las cuales siguen una secuencia que empieza por la adquisición (registro), la consolidación (almacenaje) y la recuperación. Los estudios clínicos actuales también consideran estas fases, ya que un fallo en cualquiera de ellas puede interferir en el funcionamiento de la memoria.

FASE 1: LA ADQUISICIÓN

Lo primero que hay que hacer para recordar algo es «adquirirlo». Cuando aprendemos algo, inicialmente se codifica en el cerebro en forma de rutas temporales de activación neuronal. Con el término *activación neuronal* se designa un patrón de activación por el cual unas células nerviosas o neuronas se comunican entre sí. Las rutas se forman por la comunicación de una neurona con la siguiente.

La ubicación de estas rutas depende de la naturaleza de la información en vía de procesamiento. Por ejemplo, si estamos estudiando un mapa para averiguar cómo llegar a algún sitio, la ruta se formará utilizando neuronas del lóbulo parietal derecho, que es una zona de la corteza cerebral que procesa la información espacial. Si escuchamos hablar a alguien, la ruta se formará en el lóbulo temporal izquierdo, que procesa el lenguaje.

Tenga en cuenta que las rutas que representan lo que acabamos de vivir son temporales, lo cual quiere decir que esa información forma parte del sistema de memoria a corto plazo. La mayoría de esos datos desaparecerán rápidamente. Ésta es la razón de que seamos capaces de mirar un número de teléfono, recordarlo durante el trayecto entre la agenda y el teléfono, para después olvidarlo en cuanto hacemos la llamada. La información que pasa a incluirse en la memoria a largo plazo es aquella información que hemos codificado de la forma más completa posible, y que hemos ido fortaleciendo a lo largo del tiempo a través de un proceso conocido como *consolidación*, que explicaremos un poco más adelante. Una de las facetas más importantes en el momento de determinar si una información va a codificarse en su totalidad es cuán bien nos hayamos concentrado cuando adquiramos los datos por vez primera. Así que cuando usted tiene problemas para recordar algo, lo más probable es que, al adquirirlo, no estuviera concentrado o no consiguiera obtener los datos suficientes.

Una de las razones por las que mucha gente tiene problemas para recordar cuando alcanza cierta edad es porque les resulta muy difícil concentrarse. Cuando envejecemos nos distraemos con mayor facilidad, por varias razones, con los ruidos de fondo y demás interrupciones. Aunque algunas personas son más hábiles que otras en lo referente a ignorar las distracciones, por norma general la capacidad para mantener la atención disminuye con la edad.

Piense en su juventud. Seguro que podía estudiar para un examen con música sonando y gente hablando en la habitación de al lado. Sin embargo, es posible que hoy en día, si alguien pone música mientras usted está leyendo un libro, tenga problemas para concentrarse. Si es así, se debe a que las palabras escritas en el libro y la música que fluye por la habitación compiten por su atención y hacen que le cueste concentrarse en uno de ellos en concreto. Ésta es la razón de que, en neuropsicología clínica, nos refiramos a estas situaciones como «procesos de atención dividida». Estos procesos son la base sobre la cual se realizan los test de inteligencia más complejos. El foco de la atención es, en cierto modo, como la lente de una cámara de vídeo: sólo puede enfocar sobre un campo de visión cada vez. Podemos desplazar el punto de enfoque entre dos ubicaciones distintas, pero así sólo conseguiremos información incompleta sobre ambas.

Afortunadamente, existen métodos de gran eficacia para mejorar la capacidad de concentración y de adquisición de información. Yo se los he enseñado a mis pacientes con gran éxito. En el capítulo 10 usted podrá conocer en qué consisten estos métodos, así como la manera de utilizarlos.

FASE 2: LA CONSOLIDACIÓN

Una forma de aumentar las probabilidades de recordar una información es concentrarse lo más posible cuando se lee o se escucha, pero esto no garantiza el resultado. Si la información debe permanecer en la memoria a largo plazo, es primordial reforzar las rutas neuronales que fueron creadas durante la fase de adquisición, es decir, hacerlas más duraderas. Los cambios químicos y estructurales que se producen también apuntalan esa información para que pueda resistir las interferencias producidas por otra información o distracción. Por último, la consolidación de los recuerdos recientemente adquiridos conduce a la creación de nuevas *sinapsis*, que son las uniones entre dos neuronas a través de las cuales los *neurotransmisores* (sustancias químicas que regulan la comunicación neuronal) llevan los mensajes. Un aumento en esta conectividad química produce, a su vez, la creación de miles de millones de proyecciones neuronales reticulares infinitesimalmente pequeñas, los *axones* y las *dendritas*, que sirven para enviar y recibir los mensajes que transportan los neurotransmisores.

¿Cuál es la clave para que un recuerdo a corto plazo se transforme eficazmente en un recuerdo a más largo plazo? Intervienen varios factores, como por ejemplo la calidad de nuestro sueño, tal y como explicamos en las siguientes secciones.

• *La consolidación de la memoria declarativa.* El *hipocampo*, una estructura con forma de caballito de mar situada en el interior del sistema límbico cerebral, actúa como mediador en la consolidación de la memoria declarativa, formada por re-

cuerdos como los nombres y los rostros humanos. El hipocampo se activa durante la consolidación de aquella información que se considera importante. La consolidación implica
el ensayo y la repetición de la secuencia de las acciones por
recordar, que es la forma de reforzar el patrón de activación
neuronal. Tanto el hipocampo como el resto de estructuras
del sistema límbico que desempeñan un papel importante en
la consolidación de la memoria se muestran en la figura 2.2.

El hipocampo es selectivo respecto a la información que
ayuda a consolidar. Varios factores influyen sobre el hipocampo en el momento de responder a nueva información y
de dar la señal para que sea almacenada en la memoria a largo
plazo. La razón es que tendemos a retener mejor los datos relacionados con otros recuerdos a largo plazo ya almacenados.
Si usted es aficionado al béisbol, por ejemplo, le resultará más
sencillo recordar detalles de las estadísticas recientes y de los
jugadores que a alguien a quien no le interesen los deportes.
Otro factor que influye sobre la consolidación es el impacto
emocional que produce la información. Tenemos mayor tendencia a recordar una fotografía o una historia que nos resulta inquietante (la imagen o la descripción de la víctima de una
guerra agonizando, por ejemplo) o alegre (dos amantes abrazándose), que una que nos deja indiferentes (como un anuncio de un detergente en un periódico). La parte del sistema
límbico que reacciona más directamente frente a la información con una carga emocional importante es la amígdala, que
se encuentra a la derecha del hipocampo. Gracias a las investigaciones realizadas con PET se ha podido comprobar que
la información que activa la amígdala tiene mayores posibilidades de permanecer a largo plazo.

Resulta evidente que la calidad del sueño nocturno es importante para la consolidación de la memoria. Los estudios
han demostrado que recordamos mejor listas de palabras,
información espacial o visual y tareas motoras si dormimos
después de adquirir la información. El sueño puede incluso
permitirnos recuperar recuerdos que se habían desvanecido
durante el día anterior.

Figura 2.2. *El sistema límbico*

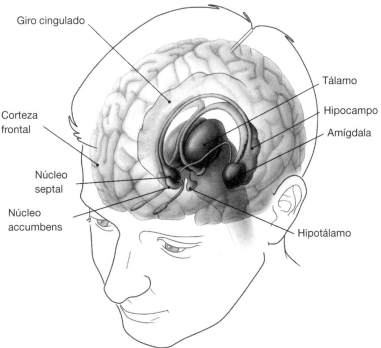

Giro cingulado

Tálamo

Hipocampo

Corteza
frontal

Amígdala

Núcleo
septal

Núcleo
accumbens

Hipotálamo

Con vistas a un estudio publicado en la revista *Nature* (2003), se hizo que los participantes aprendieran nuevas palabras y nuevos sonidos, y se les examinaba de forma periódica a lo largo del día para comprobar qué cantidad de información eran capaces de retener. Como era previsible, podían recordar la mayor parte de las palabras y de los sonidos justo después de haberlos aprendido, pero a medida que pasaba el día recordaban cada vez menos de ellas. Sin embargo, al despertar a la mañana siguiente, los sujetos del estudio eran capaces de recordar tantas palabras y sonidos como en el momento justo después de haberlos aprendido. Obviamente, durante el sueño sucede algo que hace que los recuerdos sean más accesibles y estables.

¿Por qué dormir es tan importante para nuestra memoria? Se supone que las conexiones entre las neuronas, que sustentan nuestra memoria, se refuerzan cuando dormimos. En un estudio con roedores, los investigadores del Instituto Tecnológico de Massachusetts demostraron que, durante la fase en la que dormimos pero no soñamos, el hipocampo refuerza los patrones de activación reproduciéndolos una y otra vez. Se cree que la repetición de la información aprendida recientemente es una de las claves del proceso de consolidación.

Los sueños también desempeñan su papel en la consolidación de la memoria. Las investigaciones indican que mientras dormimos y soñamos (fase de movimiento ocular rápido o MOR) aumenta la actividad en zonas de la neocorteza cerebral de las que se cree que almacenan la mayor parte de los recuerdos. Todos hemos tenido alguna vez un sueño sobre lo acontecido durante el día anterior. Es posible que el cerebro genere los sueños como estrategia para fortalecer las rutas neuronales que hacen que los recuerdos sigan en nosotros. El doctor Robert Stickgold y sus colegas de la Facultad de Medicina de Harvard, que estudian la relación entre el sueño y la memoria, opinan que, cuando soñamos, el hipocampo y la corteza se transmiten información, es decir, transfieren información desde la región del cerebro relacionada con el primer momento del aprendizaje (el hipocampo) hacia regiones donde se almacena la información a largo plazo (la corteza).

- *La consolidación de la memoria procedimental.* Las habilidades que adquirimos (jugar al tenis, a un juego de ordenador o coordinar la mano izquierda y la mano derecha para tocar el piano) forman la memoria procedimental, que se consolida de modo distinto a como lo hace la memoria declarativa. Aunque las diversas investigaciones han arrojado menos luz sobre la consolidación de la memoria procedimental que sobre la de la memoria declarativa, sabemos a ciencia cierta que la memoria procedimental no depende del hipocampo. Las personas que padecen amnesia y presentan lesiones en el hipocampo tienen problemas para formar nuevos recuerdos declarativos, pero son capaces de aprender nuevas habilidades, o recuerdos procedimentales, con la práctica. Este fenómeno (mejoras en el desempeño de tareas sin que el individuo pueda recordar haber adquirido la habilidad) se denomina «aprendizaje inconsciente».

Otra cosa que sabemos con certeza es que la memoria procedimental se distribuye por casi todas las regiones del cerebro, como los lóbulos frontales, el cerebelo y los núcleos basales. Todas estas estructuras son fundamentales para la función motora (nuestra capacidad de movernos) y para la comunicación con los músculos, que sirve para coordinar los movimientos corporales. Como estas estructuras son menos vulnerables al proceso de envejecimiento y a trastornos degenerativos como la enfermedad de Alzheimer, la memoria procedimental permanece relativamente intacta a lo largo de la vida. El hipocampo, por el contrario, cambia con el paso del tiempo y resulta devastado en el comienzo del Alzheimer. Por lo tanto, es de suponer que los recuerdos que nos resulta más difícil recuperar cuando alcanzamos los cuarenta o cincuenta años son aquellos en los que interviene el hipocampo: nombres, citas y demás recuerdos declarativos. Sin embargo, los recuerdos procedimentales son relativamente robustos. Es menos probable que usted se olvide de cómo montar en bicicleta o tocar el piano.

Los estudios recientes permiten suponer con bastante seguridad que dormir también ayuda a consolidar la memoria procedimental, y que dormir bien por la noche es fundamental para aprender a desarrollar correctamente las tareas motoras. Los investigadores dividen el sueño en un número concreto de fases, según sus diferencias en los patrones de actividad eléctrica cerebral. Unas cantidades suficientes de determinadas fases del sueño son básicas para la consolidación de la memoria procedimental.

El doctor Stickgold y sus colegas de Harvard llevaron a cabo un experimento en el que se hacía jugar a varios estudiantes a un juego de ordenador, para después, durante varios días, examinar sus conocimientos sobre dicho juego. Los estudiantes que habían dormido más de seis horas después de haber jugado lo recordaban mejor que quienes habían dormido menos. Quedó probado, otra vez, que fases concretas del sueño son básicas para un correcto aprendizaje. Incluso en los días siguientes, aquellos estudiantes que habían descansado mejor superaban a quienes no habían dormido lo suficiente.

FASE 3: LA RECUPERACIÓN

La recuperación es el acto de recordar algo. Como mencionamos antes, cada recuerdo reside en un único patrón cerebral de activación neuronal. Para recuperar la información, nuestro cerebro debe reactivar ese patrón.

Los recuerdos que se parecen tienen patrones de activación neuronal solapados. En ocasiones, cuando intentamos recordar algo, nos viene a la mente un recuerdo similar que nos bloquea la información que deseamos. Es como cuando, por ejemplo, usted trata de recordar el nombre de una canción, pero sólo le viene a la cabeza el nombre del cantante que la grabó o el de la película donde aparece.

El tiempo necesario para reactivar la ruta neuronal que lleva una información simple o muy utilizada, como su número de teléfono o el rostro de su padre, es inferior a un segundo. En estudios sobre reconocimiento de personas en los que se pidió a los participantes decidir si unos retratos les resultaban familiares o no, se comprobó que la imagen alcanza el área del cerebro que procesa la información visual en dos décimas de segundo. El sujeto de estudio tardaba otras dos décimas en decidir si el retrato le resultaba familiar o no.

Si nunca tardáramos más de una fracción de segundo en recordar algo, lo más probable es que nuestra memoria no nos preocupase. Pero, como todos debemos saber, a veces tardamos mucho más tiempo. Incluso si nada anómalo le sucede a nuestra memoria, puede llevarnos varios segundos, o más, recordar una información compleja. Hagamos la prueba: intente calcular la raíz cuadrada de 169. Dependiendo de su destreza con las matemáticas, es posible que lo primero que tenga que hacer sea activar la ruta neuronal que transporta la definición de *raíz cuadrada*, y después activar las rutas que le permiten calcular el resultado. Puede hacer la prueba con otros ámbitos como, por ejemplo, el número de presidentes de Estados Unidos que se apellidaban Johnson, los libros que ha escrito Jane Austen o los largometrajes que han ganado el Oscar a la mejor película en los cinco últimos años.

Cuanto mayor es la frecuencia con la que recordamos un fragmento de información, más fácil resulta encontrarla la próxima vez. Es más costoso acceder a los datos que no han sido recuperados últimamente; incluso puede que no seamos capaces de conseguirlo sin la ayuda de una clave, un pedazo de información que estimula la recuperación de otra información. A medida que envejecemos, vamos acumulando más y más datos que permanecen en nuestra memoria sin ser recuperados, durante períodos cada vez más largos. Es posible que el proceso de recordar un dato tan específico como una palabra o el nombre de alguien nos haga esforzarnos durante unos segundos o minutos, dejándonos con la sensación de tener la respuesta en la punta de la lengua. Si las rutas neuronales que hay en nuestro cerebro permanecen intactas, existen posibilidades de que podamos recuperar la información.

Resulta tentador imaginarse el proceso de recuperación de recuerdos como si fuera coger un libro de una estantería, pero no es así. El contenido de un libro permanece igual, pero los recuerdos no lo hacen. Los recuerdos cambian con el paso del tiempo, como respuesta a las nuevas vivencias. La razón es que nuestro propio cerebro es una obra en constante evolución. Cada vez que tenemos una conversación, aprendemos algo nuevo o vamos a algún sitio, las rutas neuronales de nuestro cerebro se reconfiguran. Algunas conexiones se fortalecen y otras se debilitan. Estos cambios alteran, embellecen e incluso, a veces, erosionan los recuerdos que habían sido almacenados en nuestro cerebro.

Los investigadores solían asumir que un recuerdo, una vez se ha almacenado en la memoria a largo plazo, se volvía tan duradero que no podía perderse ni alterarse por culpa de las experiencias futuras, al contrario que la memoria a corto plazo. Sin embargo, las nuevas investigaciones indican que, cuando recordamos datos consolidados, éstos se vuelven frágiles de nuevo. Su estado de fragilidad los hace vulnerables a las interrupciones e intromisiones de los demás datos (sensaciones, pensamientos, sentimientos, otros recuerdos) que se arremolinan en el cerebro. Estas interrupciones pueden producir alteraciones o pérdidas parciales de la información previamente almacenada.

EVALÚE SU MEMORIA VISUAL

Este ejercicio permite evaluar la capacidad de recordar inmediatamente la información visual, así como la cantidad de detalles visuales que se es capaz de recordar después de largos períodos de tiempo. En primer lugar, estudie el dibujo de la figura 2.3 durante quince segundos. Posteriormente, cubra la página y trate de dibujarlo de memoria. No vuelva a mirar el original todavía. Haga cualquier otra cosa durante media hora y vuelva a intentar reproducir el dibujo. A continuación, compare sus dos dibujos con el original ¿Qué nivel de precisión tuvo su primer dibujo? ¿Y el segundo?

Figura 2.3. *Test de memoria visual*

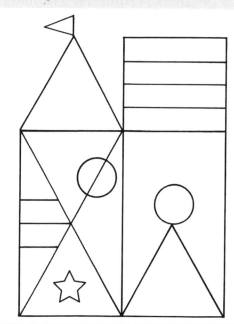

Aunque los neuropsicólogos disponen de varias herramientas para el análisis y la interpretación de los resultados de este tipo de pruebas, usted podrá hacerse una idea general del estado de su memoria visual comprobando los detalles del dibujo que es capaz de recordar con el paso del tiempo. La mayoría de las personas olvidan pequeños detalles de la figura la segunda vez, pero siguen recordando sus características principales. Cuantos más detalles sea capaz de recordar, mejor será su memoria visual.

Hoy en día, algunos estudiosos de la memoria consideran que, después de recuperar un recuerdo, el cerebro debe volver a consolidarlo. Si esto es cierto, se trataría de otro factor que explicaría la pérdida de memoria relacionada con la edad. A medida que envejece, el hipocampo no sólo es menos capaz de consolidar recuerdos nuevos, sino también de reconsolidar los antiguos.

LOS RECUERDOS DURADEROS

La mayoría de mis pacientes no acuden a mi consulta porque hayan olvidado cómo preparar un café ni cómo montar en bicicleta. Estas habilidades forman parte de la memoria procedimental, la cual, como hemos dicho antes, permanece relativamente intacta a lo largo de los años. Los pacientes suelen acudir a mi consulta cuando empiezan a olvidar cosas como fechas importantes, tareas que tienen que hacer e, incluso, los nombres de personas muy cercanas a ellos. Estos recuerdos declarativos pueden resultar muy escurridizos cuando se alcanzan, o superan, los cuarenta años de edad. Pero algunos recuerdos declarativos son más duraderos que otros, ya que, a saber, existen dos subtipos de recuerdos declarativos: semánticos (datos objetivos) y episódicos (relacionados con acontecimientos).

En concreto, la información que forma parte de la memoria semántica (los conocimientos estrictamente objetivos que evocamos una y otra vez, como el nombre de nuestro cónyuge, el resultado de 5 multiplicado por 4, los datos básicos para desarrollar nuestro trabajo) es más consistente que los recuerdos episódicos (recuerdos relacionados con un momento concreto, como una cena a la que usted asistió el mes pasado). Aunque tanto los recuerdos episódicos como los semánticos dependen, en un principio, del hipocampo, presentan diferencias sustanciales. Como recurrimos a los recuerdos semánticos con una mayor frecuencia, éstos tienden a ser más duraderos. Ciertamente, muchos recuerdos semánticos se desvanecen, como las tramas de las novelas que leemos y de las películas que vemos, ya que suele tratarse de recuerdos que no usamos muy a menudo.

RECETA PARA UN RECUERDO DURADERO

Ingredientes:

• Tome una experiencia única, algo que destaque de entre los quehaceres cotidianos.
• Perciba la experiencia con los cinco sentidos:
Vista
Oído
Gusto
Olfato
Tacto
• Haga que la experiencia tenga algún significado, relaciónela con algo que despierte su atención y su interés.
• Añada una pizca de relevancia emocional, ni demasiada ni demasiado poca. (Demasiada emotividad puede llegar a interferir en el funcionamiento de la memoria, mientras que demasiada poca emotividad hace que la información sea tan aburrida que no merece la pena recordarla.)

Pasos:

1. Centre su atención por completo, evite las distracciones.
2. Procese la experiencia de forma activa, como si estuviera ocurriendo en este mismo instante. Cree una asociación entre la nueva experiencia y un recuerdo ya existente.
3. Practique y repita la misma experiencia en distintos lugares y momentos. Hable de ello con otras personas y piense en ello, tanto inmediatamente después como pasado cierto tiempo.
4. Duerma bien por la noche.

¡Una receta para toda la vida!

Los recuerdos episódicos son más frágiles porque no solemos recuperarlos con tanta frecuencia como los datos que utilizamos en nuestra vida diaria. Un recuerdo episódico es mucho más específico que la información semántica, puesto que trata sobre un acontecimiento único que sucedió en un momento y en un lugar concretos. Por ejemplo, es posible que usted recuerde que la ciudad de Burlington se encuentra en el Estado de Vermont (un recuerdo semántico). Es un conocimiento general; no hace falta que recuerde quién le habló por primera vez sobre Burlington, Vermont, ni dónde estaba usted cuando aprendió este dato. Simplemente lo sabe. Sin embargo, necesitará hacer un esfuerzo más importante si intenta recordar un almuerzo en el McDonald's de Burlington el 8 de junio de 1995 (un recuerdo episódico). La razón es que este tipo de acontecimiento se solapa con otros acontecimientos similares pertenecientes a la categoría «almuerzos en McDonald's». Es muy probable que usted ni siquiera intentara absorber los detalles de su entorno esa tarde en el McDonald's. Además, ¿con qué frecuencia necesitará recurrir específicamente a este acontecimiento a lo largo de su vida?

Determinados subtipos de recuerdos semánticos parecen ser particularmente duraderos. Existe un cierto grado de verdad en la frase hecha según la cual «nunca se olvida una cara». Diferentes investigaciones han demostrado que las personas de edad avanzada recuerdan los rostros casi tan bien como una persona joven, pero otros estudios indican que, con la edad, se produce un declive en la capacidad para recordar otros tipos de información visual, como las imágenes o las escenas.

Quizás una de las razones de que nos resulte más fácil recordar una cara que otro tipo de datos visuales es porque los rostros están ligados a nuestras emociones. Prestamos mayor atención a aquella información que nos conmueve que a la que nos deja indiferentes. Además, accedemos con mayor frecuencia a los datos que tienen alguna carga emocional y, por lo tanto, la red neuronal que los sustenta es más elaborada. No es una mera coincidencia el que las estructuras anatómicas que rigen la memoria se encuentren junto a las que rigen las emociones, en el sistema límbico del cerebro, ni que compartan millones de conexiones recíprocas para facilitar la comunicación de ida y vuelta entre ellas.

Nuestra capacidad para adquirir, consolidar y recuperar recuerdos es un proceso dinámico increíblemente complejo. A continuación le mostraremos qué clase de problemas pueden hacer que este proceso se atasque, con el resultado de distorsionar algunos recuerdos y borrar parte de otros. Los siguientes capítulos describen las diferencias entre las pérdidas de memoria normales y las anómalas, y explican qué podemos hacer para remediarlos.

Capítulo 3

Nos pasa a todos: Lapsus y distorsiones normales de la memoria

Es normal olvidarse de algunas cosas y también lo es volverse más olvidadizo con la edad. «No encontraba mi cartera cuando volví a casa del supermercado el otro día, así que me asusté y volví rápidamente a la tienda. ¡Estaba convencido de que me habían robado! —me contó uno de mis pacientes—. Pero cuando volví a casa y saqué la compra, me encontré la cartera en una de las bolsas.» Éste es un ejemplo típico de despiste, un lapsus de la memoria que forma parte de la condición humana y que proporciona material a muchas escenas cómicas.

Sucede que no sólo olvidamos cosas, sino que también nuestra mente nos juega malas pasadas. A veces nos sentimos muy seguros sobre nuestros recuerdos de un determinado suceso y, de repente, nos damos cuenta de que estamos equivocados en uno o más datos clave. Digamos que, por ejemplo, usted recuerda que la hija de su vecino está prometida y que está seguro de que fue su vecino quien se lo dijo. Pero resulta que, en realidad, lo ha leído en el periódico local. Es un ejemplo de confusión, un error de la memoria muy común, que aparece con mayor frecuencia a medida que envejecemos.

Los despistes y las confusiones son dos clases de problemas de la memoria tan habituales que se consideran parte de las experiencias normales. Tener lapsus de memoria ocasionales no es un signo de ningún trastorno de la memoria. Sólo resultan preocupantes cuando se producen con cierta regularidad o cuando comprometen información importante o muy conocida.

Los siete pecados de Daniel Schacter

En su libro *Los siete pecados de la memoria* (Ariel, 2003), Daniel Schacter, profesor de Psicología de la Universidad de Harvard, repasa los tipos de problemas memorísticos más comunes, aquellos que interfieren en el funcionamiento diario de la memoria. Estos «pecados» nos afectan a todos —no sólo a las personas con trastornos graves de la memoria— en algún momento de nuestra vida.

La fugacidad

Usted ha leído el periódico esta mañana, pero no puede recordar en qué página estaban los artículos principales. Ha asistido a un seminario hace seis semanas y, aunque le interesaba el tema y las conferencias le parecieron fascinantes, no es capaz de recordar el nombre de ninguno de los conferenciantes, ni tampoco los puntos principales de ninguna de las charlas. Está haciendo un crucigrama y una de las definiciones es «Primera novela de Norman Mailer». Aunque usted es un experto en literatura y tuvo que escribir una tesis sobre Mailer hace treinta años, no le es posible acceder a un dato tan básico sobre este escritor.

Todos los anteriores son ejemplos de *fugacidad*, la tendencia que tienen los recuerdos a debilitarse con el paso del tiempo. Los recuerdos que utilizamos con frecuencia pueden permanecer bastante claros durante décadas, mientras que otros se desvanecen hasta el punto de desaparecer por completo.

Somos más proclives a olvidar una información en el período de tiempo justamente posterior a haberla adquirido. La información contenida en la memoria a corto plazo es, por definición, fugaz. Cuando una información pasa de la memoria a corto plazo a la memoria a largo plazo, se consolida y asume una forma más estable, al menos temporalmente. Sin embargo, los recuerdos que no se usan se pierden: recordamos aquello sobre lo que pensamos más a menudo. De ahí que los detalles de un libro que usted leyó hace dos años permanezcan más vívidos si habla del libro con alguien de forma periódica que si simplemente lo deja en su estantería.

LOS DESPISTES

A lo mejor usted nunca se ha olvidado de algo tan importante como apagar el motor del coche al bajarse de él, pero seguro que alguna vez se le ha olvidado dónde estaban las llaves. Es un ejemplo muy común de *despiste*, la dificultad para recordar un dato concreto porque en un primer momento no quedó suficientemente registrado. Con frecuencia es el resultado de haber intentado hacer dos tareas a la vez sin prestar la atención suficiente a ninguna de ellas. También sucede cuando alguien o algo nos distraen, y nos hacen perder la concentración. No podemos encontrar las llaves del coche (o las gafas, o el bolígrafo...) porque, al entrar en casa, no nos concentramos en dónde las dejamos. Porque estábamos pensando en otra cosa (o en nada en particular), no codificamos la información de forma segura.

Olvidar una cita o saltarnos una toma de un medicamento, es decir, todo aquello que implica hacer algo en un momento determinado, son otros ejemplos de despistes. En estos casos, lo más probable es que no nos hayamos concentrado en las claves necesarias para llevar a cabo la actividad planeada. Si su médico le ha recomendado tomar su medicación antes de acostarse y a usted se le olvida hacerlo, puede que no haya prestado atención a la clave «acostarse». Si lo hubiera hecho, es posible que ciertas actividades rutinarias que usted realiza antes de acostarse, como cepillarse los dientes o ver un programa concreto de televisión, le hubieran servido como recordatorios para que se tomara la medicina.

Un proverbio chino asegura que la más pálida de las tintas es mejor que la mejor de las memorias. Para recordar citas y horarios, lo más práctico es escribirlos. Creer que seremos capaces de aprendernos de memoria todos nuestros horarios es poco realista. No es que la información no sea importante, pero los detalles más importantes de estas informaciones, como las fechas y las horas, son demasiado efímeros y parecidos entre sí como para almacenarlos en la memoria a largo plazo. Además, es muy probable que esos datos no vayan a ser usados lo bastante próximamente como para que la memoria a corto plazo sea de ayuda.

Cuando escucho a mis pacientes quejarse de sus despistes, les aconsejo que mantengan sus citas y las anoten en una agenda o en una PDA. Les pido que creen la rutina de repasar esta información al menos tres veces al día (por la mañana, al mediodía y por la noche). Asociar la revisión de la agenda con las comidas es un ejemplo de cómo usar una clave para aumentar las probabilidades de recordar que debemos realizar una determinada actividad. El problema suele desaparecer una vez se desarrolla este hábito.

LOS BLOQUEOS

Alguien formula una pregunta y usted siente que tiene la respuesta en la punta de la lengua. Usted *sabe* que lo sabe, pero no consigue acordarse. Esta sensación de tener la respuesta en la punta de la lengua es el ejemplo más habitual de *bloqueo*, la incapacidad para recuperar un recuerdo específico porque otro recuerdo se interpone. Cuando experimentamos esta sensación, el fallo de la memoria no es debido ni a la falta de atención ni a pérdidas en la información almacenada. Por el contrario, los bloqueos se producen cuando una información está correctamente almacenada en el cerebro, pero algo la oculta e impide que accedamos a ella.

En general, lo que bloquea un recuerdo es otro fragmento de información que solapa el mismo «espacio semántico» que la información que estamos buscando. En otras palabras, ese fragmento posee una o más de las características de la información deseada. La interferencia es tan semejante que aparece siempre que intentamos recuperar ese recuerdo. Cuanto mayor sea nuestro empeño en esquivar ese intruso, mayor será la fuerza con la que acudirá a nuestra conciencia. Imaginemos que usted intenta recordar el nombre de la última película de James Dean (*Gigante*), pero sólo le viene a la mente *Rebelde sin causa*. Usted sabe que ésa no es la respuesta correcta. También sabe que la respuesta es *Gigante*, pero no consigue acordarse porque *Rebelde* bloquea el camino.

Un ejemplo habitual de bloqueo es llamar a un hijo por el nombre de otro. Más de un paciente ha roto a llorar en mi consulta convencido de que ese error es el primer paso de una cuesta abajo que lo conducirá a la imposibilidad de reconocer a sus seres queridos. Muchos de esos pacientes relacionan su error sin importancia con la experiencia de ver a sus padres durante la última fase de la enfermedad de Alzheimer, cuando eran incapaces de reconocerlos. Sin embargo, llamar ocasionalmente a un familiar por el nombre de otro no es, por sí mismo, síntoma de ningún trastorno de la memoria.

Los investigadores que trabajan en el campo de la memoria se refieren a los bloqueos como las «hermanastras feas», porque son tan dominantes como las hermanastras de *Cenicienta*. En varios estudios de la memoria se ha trabajado con estas hermanastras. En uno de ellos se repartieron varias listas de palabras poco habituales entre varias personas y se les pidió que las relacionaran con listas de posibles definiciones. Cuando las definiciones que podían escogerse eran muy parecidas a las definiciones correctas, la mayoría de los sujetos del estudio tuvieron más bloqueos que cuando las definiciones donde escoger eran claramente incorrectas.

Las técnicas de diagnóstico por imagen nos han proporcionado algunas claves sobre el funcionamiento de los bloqueos. Cuando intentamos recordar, algunas regiones del cerebro se activan más que otras. Los investigadores interpretan que las regiones activas inhiben el acceso a las regiones inactivas. Esta inhibición puede resultar ventajosa, ya que facilita la recuperación de información evitando que accedamos a datos no deseados. Pero, si da la casualidad de que lo que recuperamos es una de estas hermanastras feas, las regiones activas que la contienen pueden inhibir las regiones que contienen la respuesta que buscamos realmente.

Los científicos creen que los bloqueos de la memoria se vuelven más frecuentes con la edad, lo que explicaría por qué las personas de edad avanzada suelen tener problemas para recordar nombres. De todos modos, también hay alguna noticia sobre los bloqueos que nos permite ser optimistas. Los resultados de la investigación mostraron que, en casi la mitad de las ocasiones, los sujetos del estudio fueron capaces de recuperar la información buscada en menos de un minuto.

LAS CONFUSIONES

Por *confusión* entendemos un error en el origen de un recuerdo concreto. Puede tomar multitud de formas. Por ejemplo, usted ha oído que una tienda de su barrio ha cerrado y cree haber visto un cartel que lo anunciaba en la ventana de la tienda. En realidad, ese cartel nunca existió, y fue un vecino quien le dio la noticia. Otro de los tipos de confusión se produce cuando estamos convencidos de haber tenido una idea totalmente original y, de hecho, lo hemos sacado de algo que hemos leído u oído. Esta clase de confusión explica los casos de plagio inintencionado, en los que se escribe algo que contiene frases o razonamientos de un artículo o de un libro que se ha leído. Las confusiones pueden tener graves consecuencias cuando los testigos de un crimen o los periodistas no recuerdan correctamente el origen de sus informaciones.

Las confusiones parecen ser más frecuentes con el paso del tiempo, igual que los bloqueos. Una de las razones es que cuanto más viejos somos, más viejos son nuestros recuerdos, y los recuerdos más antiguos, si no se recuperan con frecuencia, son particularmente propensos a caer en la confusión. A medida que envejecemos, aumenta nuestra tendencia a confundir los recuerdos adquiridos más recientemente, ya que nuestra capacidad para codificar y retener los detalles específicos de cada información disminuye, y tratamos de relacionarlos con datos que nos son más familiares. Pero no nos equivoquemos, las confusiones se producen a cualquier edad. Aunque pueda resultar frustrante y embarazoso, no son un síntoma de trastorno de la memoria.

Existen dos métodos para reducir la cantidad de confusiones. Uno de ellos es hacer el esfuerzo de concentrarse en los detalles cuando deseamos recordar algo importante. Cuando hacemos frente a una información nueva para nosotros, debemos hacernos las «cinco preguntas»: ¿*Quién* me lo ha contado? ¿*Cuál* era el contenido de la información? ¿*Dónde* estaba yo cuando recibí esa información? ¿*Cuándo* sucedió? ¿*Por qué* es importante? Con este concienzudo procedimiento, orientado a los detalles, se consigue reducir una gran cantidad de errores, incluyendo las confusiones.

Otro método es tomarse un momento para reflexionar sobre un recuerdo cuando nos viene a la mente por primera vez, antes de llegar a una conclusión sobre su origen. La razón es que las confusiones suelen producirse cuando algún fragmento de la información nos resulta tan familiar que lo asociamos con otros datos similares que ya conocemos, sin pararnos a pensar si la asociación es válida. Volvamos sobre el ejemplo de la tienda que cerraba. Es comprensible que usted asumiera que había visto el cartel de cese de negocio en la ventana porque son habituales en los negocios que van a cerrar. Pero, si hubiera dedicado un momento a pensar sobre esa tienda en particular, es probable que hubiera asociado la información a su verdadera fuente.

La sugestionabilidad

Imagínese que está viendo una partido de fútbol de su hijo y que el equipo contrario marca un gol. Uno de los padres se queja de que el gol no debería ser válido porque el jugador que ha marcado ha tocado el balón con la mano. En el momento en que se marcó el gol, usted no se había percatado de que el jugador hubiera utilizado las manos, pero cuando su cerebro repite lo sucedido, entonces *ve* que sí lo hizo.

¿Funciona su memoria correctamente? ¿En realidad vio usted la falta? ¿Existió tal falta? La respuesta a estas tres preguntas es: no necesariamente. Su recuerdo del partido puede haber sido influido por la sugestión. La *sugestionabilidad* es la vulnerabilidad de la memoria frente a la influencia de la información recibida después de que un hecho concreto haya sucedido. La información recibida *a posteriori* se entremezcla con el recuerdo la próxima vez que rememoramos ese evento.

En numerosos estudios se ha demostrado lo sencillo que resulta implantar «falsos recuerdos» entre los recuerdos de la infancia de las personas. En uno de ellos se solicitó a los padres que rellenaran un cuestionario sobre cosas que les pasaron a sus hijos —en ese momento estudiantes universitarios— durante la infancia. Después se preguntó a los estudiantes si recordaban ciertos acontecimientos. Algunos de ellos habían sucedido en realidad, según los cuestionarios de los padres, mientras que otros eran inventados. Durante la primera evaluación, casi todos los estudiantes distinguieron correctamente entre los hechos reales y los falsos. Sin embargo, en entrevistas posteriores, si uno de los encuestadores sugería que uno de los acontecimientos inventados sí que había sucedido cuando los encuestados eran niños, entre el 20 y el 40% de ellos recordaron algún detalle de esos supuestos acontecimientos.

No se sabe con certeza si nos volvemos más vulnerables a las sugestiones con el paso del tiempo, aunque sí sabemos que le sucede a gente de cualquier edad. Algunos estudios llevados a cabo con niños en edad preescolar indican que las preguntas realizadas por policías u otras figuras autoritarias pueden hacer que los niños aseguren haber presenciado sucesos que en realidad no han pasado. Importantes investigadores estadounidenses del campo de la memoria han cuestionado la validez de los testimonios de niños en los juicios de abuso sexual, por ejemplo en los procesos que conmocionaron al país en la década de 1980 contra la guardería infantil Fells Acres, en Massachusetts, y contra el centro preescolar McMartin, en California. Se cree que los «recuerdos» de los niños fueron influidos por las preguntas e informaciones capciosas a las que estuvieron expuestos durante las investigaciones.

De forma análoga, también se ha cuestionado la credibilidad de los «recuerdos recuperados» de abusos sufridos durante la infancia. El caso típico de recuerdo recuperado es aquel en el que un adulto, durante una sesión de psicoterapia, comienza a revivir recuerdos de sucesos traumáticos relacionados con su más tierna infancia. Los análisis retrospectivos en los que se ha estudiado la forma como emergen esos recuerdos han generado dudas sobre si, durante las terapias, se utilizaron técnicas sugestivas.

- *Los recuerdos recuperados*. Posiblemente el concepto de las investigaciones científicas sobre la memoria que más controversias ha suscitado en los últimos años sea el *recuerdo recuperado*. Con este concepto se designa la recuperación de un recuerdo que estaba reprimido. La represión es un mecanismo psicológico de defensa que aleja de la memoria consciente el recuerdo de un hecho muy turbador, evitando así que la persona sufra ansiedad. Cuando un recuerdo reprimido emerge del subconsciente, pasa a denominarse recuerdo recuperado.

Una gran parte de los recuerdos recuperados se relacionan con casos de traumas acaecidos durante la infancia, en los que se asume que la víctima ha reprimido el recuerdo de la horrible experiencia, manteniéndolo alejado de la memoria consciente durante años. Los partidarios de este concepto creen que la súbita reaparición de los recuerdos traumáticos es provocada, bien de forma abrupta o bien de forma gradual, por un acontecimiento o un estímulo que la persona asocia, consciente o inconscientemente, con el hecho traumático. Sigmund Freud creía que los recuerdos reprimidos formaban la base de la neurosis. Algunos psicoterapeutas tratan de sacar a la luz los recuerdos ocultos de los episodios traumáticos como paso previo a la curación emocional de sus pacientes.

El debate sobre la credibilidad de los recuerdos recuperados cobra mayor intensidad cuando se emplean como testimonio en juicios sobre abusos sexuales u otros crímenes horrendos. En lo que se ha citado como el primer caso en Estados Unidos de condena criminal basada en un recuerdo recuperado, George Franklin Sr., de Redwood City, California, fue hallado culpable en 1990 de la violación y asesinato de una niña de ocho años, sucedido veintiún años antes. El caso, del año 1969, se reabrió después de que la hija de Franklin, Eileen, asegurara que había recuperado un nítido recuerdo de su padre cometiendo el crimen. Según su declaración, Eileen había recuperado ese recuerdo gracias a una pregunta sin importancia que le hizo su hija pequeña. El caso fue desestimado cuando se descubrió que los recuerdos recuperados por Eileen se basaban en artículos de prensa publicados en la época de los asesinatos. Por lo tanto, los «recuerdos» de Eileen se podían atribuir a una confusión.

Los detractores del concepto del recuerdo recuperado argumentan que el mismo tipo de influencias que crean falsos recuerdos pueden estar presentes durante la psicoterapia y las investigaciones criminales. El papel del terapeuta como figura autoritaria proporciona una herramienta muy poderosa para influir en los pensamientos, sentimientos y recuerdos de sus pacientes. Un terapeuta puede, consciente o inconscientemente, emplear el poder de sugestión para hacer que un paciente recuerde algo que nunca sucedió. Así, durante las investigaciones criminales, la policía, los trabajadores sociales u otras figuras autoritarias pueden influir drásticamente sobre los recuerdos de una persona.

Los partidarios del concepto del recuerdo recuperado argumentan que cuanto más insólito e inquietante es el recuerdo, más posibilidades existen de que sea cierto. También sostienen que es natural que los recuerdos recuperados emerjan durante las sesiones de terapia, porque los terapeutas crean un ambiente seguro en el que las revelaciones son clave para la eficacia del tratamiento.

Como hemos podido comprobar, no hay consenso respecto a la validez de los recuerdos recuperados. De modo que, mientras los científicos esclarecen el funcionamiento de la memoria, vamos a intentar comprender las interrelaciones entre el conocimiento y las emociones durante la recuperación de experiencias traumáticas, además de tratar de discernir cuál es su grado de utilidad y de fiabilidad.

LOS SESGOS

Cuando usted reflexiona sobre acontecimientos de hace varias décadas, ¿cuáles son sus impresiones generales? ¿Qué detalles recuerda?

Hagamos un experimento. Pregunte a un compañero suyo del instituto sobre la ceremonia de graduación. Hay muchas posibilidades de que ustedes dos tengan diferentes impresiones sobre la ceremonia. Digamos que, por ejemplo, ambos recuerdan el nombre de la primera oradora, que era una periodista. Usted recuerda que fue muy aburrido, y que todo el mundo bostezaba y dormitaba, pero su amigo lo recuerda como una charla fascinante a la que la audiencia prestaba mucha atención.

LOS RELATOS DE LOS TESTIGOS: ¿VERDADEROS O FALSOS?

A lo largo de la historia, los relatos de los testigos han sido considerados como uno de los tipos de pruebas con más peso en los juicios criminales. Después de todo, un testimonio es, por definición, el relato de primera mano de alguien que ha presenciado un suceso. Sin embargo, la experiencia nos ha demostrado que frecuentemente los testimonios son imprecisos. En Estados Unidos, un número incalculable de personas han sido enviadas a prisión por crímenes que no habían cometido, o absueltas de crímenes que sí habían cometido, por culpa de errores de memoria.

La razón principal de la inexactitud de los relatos de los testigos es la capacidad de sugestión. En otras palabras, el testigo de un crimen adquiere información o desinformación del hecho después de haberlo vivido, al hablar con otros testigos o al leer la noticia en la prensa, para después incorporarlo inconscientemente a su propio recuerdo. Los recuerdos de un testigo también pueden variar dependiendo de las preguntas de los policías y de los abogados. La doctora Elizabeth Loftus, una psicóloga con muchos años de experiencia en este campo, realizó un experimento en el que mostraba a los participantes una grabación de un accidente de tráfico y después les preguntaba a qué velocidad circulaban los coches. Cuando la pregunta era: «¿A qué velocidad circulaban los coches antes de chocar violentamente?», la gente respondía velocidades mucho más altas que cuando les preguntaban: «¿A qué velocidad circulaban los coches antes del momento de la colisión?». La investigación de la doctora Loftus se utiliza actualmente para ayudar a los oficiales de policía, a los abogados y a los jueces a ser conscientes de los problemas relativos a los testimonios, con el objetivo de desarrollar nuevas técnicas de investigación que sean más eficaces.

¿Cuál de los dos recuerdos es más cercano a la realidad? Resulta imposible saberlo, porque la memoria de todos nosotros se encuentra sujeta a sesgos. Un *sesgo* es la distorsión de un recuerdo desde la perspectiva única de quien recuerda. Nuestra personalidad, nuestro estado de humor, nuestras creencias y nuestras experiencias (todo lo que nos hace como somos) desempeñan un papel importante en cómo percibimos y recordamos algo. Las diferencias entre el recuerdo de su amigo y el suyo podrían explicarse si él acabó trabajando de periodista y usted ahora es, por ejemplo, un promotor inmobiliario. Los sesgos afectan a nuestros recuerdos cuando los codificamos por primera vez y también cuando los recuperamos.

Los sesgos influyen sobre todos los tipos de recuerdos aunque los ejemplos más interesantes nos los proporcionan los recuerdos sobre las relaciones amorosas. Para realizar un estudio, se pidió a personas que estaban saliendo juntas que evaluaran a su pareja, a sí mismas y su relación. Dos meses más tarde, en una segunda sesión, se preguntó a los participantes acerca de las respuestas que dieron durante la primera sesión. Las personas cuyos sentimientos sobre su pareja o sobre su relación habían cambiado de forma negativa durante esos dos meses recordaron su propia evaluación inicial de una forma mucho más negativa de lo que en realidad había sido. Por otra parte, los participantes cuyos sentimientos por su pareja se había reforzado, recordaron su evaluación inicial de una forma mucho más positiva.

No sabemos con certeza si con la edad aumentan los sesgos de la memoria. No obstante, experimentos como el que acabamos de relatar subrayan el hecho de que la memoria no funciona como una cámara de vídeo. No registra los acontecimientos de forma inmutable. Así que no debe preocuparse si alguien le dice que usted ve el mundo de color de rosa. Ni la mejor de las memorias es un retrato exacto de la realidad.

La persistencia

A muchos de nosotros nos preocupa olvidar cosas, aunque en otras ocasiones lo que nos preocupa es recordar algo que desearíamos olvidar. La persistencia es la tendencia a revivir un determinado recuerdo una y otra vez. Puede tratarse de algo levemente molesto, como una canción que tenemos metida en la cabeza, o de un hecho traumático o turbador. La persistencia suele resultar un tanto impertinente, en el sentido de que experimentamos ese recuerdo en forma de un pensamiento o de una imagen que se impone a la fuerza en nuestra mente consciente.

Se cree que, en el cerebro, los recuerdos negativos persistentes pasan por la amígdala y por las demás regiones del cerebro que reaccionan ante situaciones cargadas de miedo, ansiedad y demás emociones. Varios tipos de trastornos psiquiátricos tienen su origen en recuerdos negativos persistentes. La depresión y los pensamientos negativos persistentes forman un círculo vicioso: la persona deprimida le da vueltas constantemente a circunstancias desagradables, reales o imaginarias, lo que erosiona su autoestima y hace que profundice en su desasosiego.

Un síntoma habitual de varios trastornos de ansiedad es el recuerdo persistente de un hecho aterrador. Las fobias, por ejemplo, proceden de un encuentro anterior con un objeto o con una situación que provocó una sensación intensa de terror. El «recuerdo» visceral de ese encuentro persiste con fuerza, forjando un comportamiento fóbico que puede durar años, o incluso décadas.

Una característica básica del trastorno de estrés postraumático (TEP), una enfermedad que afecta a ciertas personas tras haber vivido alguna experiencia traumática (una guerra o una agresión sexual, por ejemplo), es la intrusión persistente de recuerdos no deseados. En el TEP, los recuerdos persistentes toman forma de *flashback* o de pesadilla en la que se revive la experiencia desagradable. Un *flashback* es un tipo especial de recuerdo por el que el individuo pierde el contacto con la realidad presente, sintiéndose empujado hacia atrás en el tiempo hasta el acontecimiento traumático: se pierde la distancia psicológica característica de un recuerdo normal.

Muchas de las personas que padecen fobias o TEP aprenden a controlar los recuerdos persistentes gracias a terapias basadas en imágenes o visualizaciones guiadas. Con estas técnicas, el terapeuta hace que su paciente aprenda a visualizar el objeto que provoca su fobia o su trauma de forma gradual, evitando así la intensa sensación de miedo. Cuando la respuesta emocional a ese estímulo disminuye, el recuerdo se hace menos persistente.

De modo que, para las personas que no padecen ningún trastorno psiquiátrico, ¿cuál es la mejor manera de eliminar un recuerdo persistente? Desde luego, no es intentar ignorarlo. Las investigaciones demuestran que obligarnos a evitar pensar en algo no hace sino que pensemos en ello constantemente. Con el tiempo, ese recuerdo emergerá con cada vez menos frecuencia, hasta que finalmente desaparezca por completo.

El efecto Rashomon

Un asunto que mis pacientes comentan con bastante asiduidad es que alguno de sus recuerdos de un suceso concreto difiere enormemente del recuerdo que de la misma situación guarda otra persona. Por ejemplo, un hombre al que llamaremos Paul acudió recientemente a mi consulta porque le contrariaba ser incapaz de recordar un episodio acaecido dos años antes, durante una reunión familiar de Acción de Gracias. Él y su hermana se encontraban comentando lo sucedido, cuando ella mencionó un incidente que, según sus propias palabras, fue «una fuerte e interminable pelea familiar». Paul no recordaba que nada de eso hubiera sucedido. Le sugerí que preguntase a otras de las personas que asistieron a la cena si recordaban esa pelea. Cuando Paul volvió a mi consulta me comentó, sorprendido a la par que aliviado, que prácticamente cada una de las personas con las que había hablado recordaban de forma distinta lo sucedido, incluso uno de sus hermanos rememoraba una «vivaz discusión».

Este tipo de sesgo es lo que yo denomino el «efecto Rashomon». *Rashomon* es un clásico del cine que cuenta la historia de un crimen violento desde la perspectiva de cuatro personajes, entre los que se encuentran la víctima y el presunto culpable. Cada uno de los relatos es diferente, reflejando las distintas perspectivas de los personajes durante el suceso. Lo que la película consigue mostrar es el hecho de que un recuerdo no es el registro objetivo de un acontecimiento. Lo que percibimos y recordamos está influido por nuestra perspectiva única: el emplazamiento desde el que contemplamos el suceso, los sentimientos que nos provocó, las expectativas que teníamos y también según nuestra forma de ser (las peculiaridades y características que componen nuestra personalidad). Todos estos factores se combinan para formar un tipo de sesgo relacionado con la perspectiva observacional.

Un ejemplo de este tipo de sesgo se produciría si usted y uno de sus compañeros de trabajo estuvieran sentados uno frente al otro durante una reunión, mirando a cosas y a personas distintas, y regresaran de la reunión con recuerdos diferentes. Usted podría haberse fijado en la expresión de aburrimiento de un ejecutivo de cuentas, mientras que su compañero se perdería esta información si el rostro de ese ejecutivo estuviera fuera de su campo visual. Incluso aunque su compañero pudiese ver al ejecutivo, es posible que se fijase en otros aspectos de la situación como, por ejemplo, la brillante exposición realizada por otro de los presentes. Resultaría comprensible que ustedes dos recordaran detalles diferentes de la reunión.

Además de la situación física concreta, la perspectiva también depende de la posición social. Un gerente tendrá un punto de vista muy diferente al de un becario. Un invitado famoso tendrá una participación distinta en una fiesta que alguien que no conoce a nadie y tiene problemas para entablar una conversación. Por lo tanto, no debemos preocuparnos si nuestros recuerdos de un acontecimiento difieren de los de otra persona que también se hallaba presente. Es normal. Como las huellas, la memoria es única, porque nuestras experiencias y percepciones son únicas.

Existen otros problemas de la memoria que se van haciendo más comunes a medida que envejecemos, por culpa de los cambios que se producen en la estructura y en el funcionamiento del cerebro. En el próximo capítulo abordaremos este tema.

Capítulo 4

Cómo envejece el cerebro

Una de mis pacientes, de cincuenta y cinco años, me aseguró una vez: «Ya no puedo leer. Cuando llego al final de una página, ya he olvidado lo que ponía al principio. Acabo releyendo el mismo párrafo dos o tres veces».

«La semana pasaba alquilé una película —me comentó otro paciente, de cincuenta y un años—. Mientras la veía, me resultaba vagamente familiar. Al final, caí en la cuenta de que ya había visto esa película. De hecho, la había alquilado dos semanas antes.»

¿Sabría usted decir cuál de estas dos personas tiene un trastorno cerebral? La respuesta es: ninguno de los dos. Ambos presentan dificultades de atención y aprendizaje, y se encuentran entre la población de edad avanzada. A partir de los cincuenta años de edad, es normal que se produzcan cambios en el cerebro que afectan directamente a la memoria y a otras funciones cognitivas. Son los siguientes:

- El número de sinapsis o «puntos de encuentro entre neuronas» disminuye.
- La cantidad y la funcionalidad de los *receptores* (la parte de las neuronas que recibe los mensajes químicos) disminuye.
- Hay una menor disponibilidad de ciertos neurotransmisores (las sustancias que regulan la comunicación intercelular), por varias razones.

• Las *rutas de la sustancia blanca* (los haces de fibras neurona-les que transmiten los mensajes a través del sistema nervioso central), pueden sufrir lesiones o anomalías que afectan a su funcionamiento.

Todos estos cambios lentifican, o incluso interrumpen, las co-municaciones entre las neuronas. Un poco más adelante comenta-remos todos estos problemas.

¿Cuál es el proceso normal de envejecimiento?

A pesar de todos estos cambios en la estructura y el funciona-miento del cerebro, los estudios llevados a cabo entre los más an-cianos de todos los ancianos, las personas centenarias, nos han en-señado que el declive cognitivo no es una parte inevitable del proceso de envejecimiento. Existe un margen enorme de posibili-dades en torno a nuestra vejez. De hecho, muchos neurocientíficos discrepan sobre el propio concepto de lo que es el envejecimiento normal.

Por un lado, están quienes creen que el proceso normal de en-vejecimiento y las enfermedades degenerativas cerebrales forman parte de un todo. Su punto de vista se sustenta en el descubrimien-to, mediante autopsia, de señales biológicas de Alzheimer en cere-bros de personas que no presentaron síntomas de problemas de memoria durante los últimos años de vida. Aunque dichas señales tienen un carácter mucho más leve que las halladas en las personas con problemas de memoria, su presencia se considera como una prueba de que todos y cada uno de nosotros desarrollaríamos la enfermedad de Alzheimer si viviésemos el tiempo suficiente.

En el lado opuesto se encuentran los investigadores que argu-mentan que la distinción entre el proceso normal de envejecimiento y la enfermedad no es únicamente una cuestión de grado. Mantie-nen que la enfermedad y la normalidad no tienen nada que ver. Este punto de vista está fundamentado por el hecho de que mu-chas de las personas que alcanzan los noventa años no presentan más que sutiles limitaciones de su capacidad de memoria. Además, las autopsias de muchos de esos ancianos no mostraron signos de enfermedad alguna.

Pero, respecto a lo que a nosotros nos incumbe, no importa mucho cuál de las dos partes tenga razón. De cualquier forma, aún podemos conseguir mejorar nuestra memoria. Más tarde nos centraremos en los mejores métodos para preservar y potenciar la capacidad de nuestra memoria a cualquier edad.

EL CICLO DE MUERTE NEURONAL Y NEUROGÉNESIS

Es posible que usted haya oído en algún momento que perdemos miles de neuronas cada día. Durante años, las teorías científicas sobre el cerebro han sido de todo menos alentadoras. Los científicos consideraban el hecho de que el cerebro sólo producía neuronas durante los primeros años de nuestra vida como una verdad incuestionable. También creían que, una vez alcanzada la edad adulta, el número de complementos neuronales se reducía. Por lo tanto, esa implacable degeneración neuronal supondría una traba para nuestra capacidad de aprender y pensar.

En la actualidad sabemos que este punto de vista es una combinación de exageración y medias verdades. Aunque es cierto que la mayor parte de los nacimientos neuronales se producen durante la infancia y la adolescencia, también lo es que las neuronas siguen naciendo a lo largo de nuestra vida, en un proceso denominado *neurogénesis*. Esta capacidad de producir nuevas células es una característica de la *plasticidad* cerebral, que permite la alteración de los circuitos neuronales y la formación de nuevas redes sinápticas.

Definitivamente, el índice de crecimiento desciende de forma considerable durante la edad adulta, y no es posible reemplazar todo lo que perdemos. No obstante, investigaciones recientes sugieren que, en el proceso normal de envejecimiento, no se pierde un número significativo de las neuronas pertenecientes a las regiones clave del cerebro, como el hipocampo, la estructura del cerebro más importante para la memoria. También sabemos que la pérdida de neuronas es, en parte, una consecuencia del surgimiento de nuevas neuronas, incluso en las estructuras cerebrales críticas para

Un mito sobre la memoria: Las neuronas que mueren no son reemplazadas

Durante mucho tiempo, los científicos han creído que, una vez se alcanza la edad adulta, dejan de crecer nuevas neuronas. En otras palabras, asumían que, cuando las neuronas mueren, no son reemplazadas. Sin embargo, hace unos años, los científicos descubrieron que en el cerebro de los adultos también nacen nuevas neuronas. Lo esperanzador de este descubrimiento es que muchas de las nuevas neuronas crecen en el hipocampo, la estructura cerebral clave para la consolidación de los recuerdos.

Este hallazgo ha transformado el enfoque de los neurocientíficos sobre la relación entre el proceso de envejecimiento, el cerebro y la memoria. Actualmente se cree que, en la mayoría de casos, la edad no influye en la creación de nuevas neuronas que puedan crear a su vez nuevas rutas neuronales con capacidad para formar nuevos recuerdos. Y si el cerebro es capaz de crear nuevas neuronas, es posible que algún día se puedan contrarrestar las lesiones y las pérdidas de memoria producidas por los trastornos degenerativos de la memoria, como la enfermedad de Alzheimer.

la memoria. De hecho, algunos investigadores han llegado a la conclusión de que la densidad neuronal aumenta con la edad en determinadas regiones del cerebro. Incluso si asumimos que perdemos unas diez mil neuronas al día, tardaríamos al menos doscientos setenta y cuatro años en perder el 1% de nuestras neuronas.

Los problemas de comunicación

A pesar de que solíamos creer que la pérdida de memoria relacionada con la edad era provocada por la acumulación de neuronas perdidas, las investigaciones más recientes nos han enseñado que no estábamos en lo cierto. Hoy en día, los expertos en la materia opinan que los cambios más relevantes para la pérdida de memoria relacionada con la edad son los que se producen en el sistema que permite la transmisión de información de un punto a otro del cerebro, mediante neurotransmisores, receptores y sinapsis.

En estudios realizados con primates se encontró que éstos presentaban una reducción en el número de *espinas dendríticas* en las células piramidales (un tipo de neuronas). Las espinas son las ramificaciones, semejantes a filamentos, que parten de las neuronas y crean las sinapsis con otras neuronas. Se cree que las personas de edad avanzada también presentan una reducción en el número de espinas. Esta pérdida provocaría una disminución en la densidad sináptica que, a su vez, reduciría la conectividad entre neuronas y, por lo tanto, provocaría que la velocidad y la capacidad cerebrales para procesar información se vieran afectadas.

La pérdida de neuronas en regiones concretas del cerebro dificulta la comunicación entre las células, ya que degrada las funciones específicas de dichas regiones. El cerebro, cuando envejece, es vulnerable a la pérdida de neuronas en las estructuras que producen los neurotransmisores esenciales para la memoria: la acetilcolina, la dopamina y la serotonina. Si la cantidad de neuronas en estas regiones es muy baja, los niveles de concentración de neurotransmisores clave también lo serán, lo cual desencadenará los problemas de memoria habituales en las personas de mediana edad, como la dificultad para concentrarse o para recordar lo que se acaba de leer.

A continuación explicaremos otros cambios que sufre el cerebro a partir de los cuarenta años de edad, que interfieren en el flujo normal de información entre neuronas y que hacen que nos resulte más difícil procesar, aprender y recordar información de manera eficiente.

Uno de ellos es el cambio en el número y la función de los receptores, los puntos de acoplamiento entre las neuronas donde los neurotransmisores se unen entre sí durante la transmisión de mensajes entre las neuronas. En determinadas partes del cerebro se produce una disminución en los receptores de dopamina. Sin embargo, puede que tenga una mayor importancia el declive en la función de los receptores del NMDA (N-metil-D-aspartato), ya que éstos desempeñan un papel muy importante en la transmisión entre neuronas de las sustancias químicas esenciales para el aprendizaje y la memoria. Los cambios en el NMDA son especialmente evidentes en la corteza frontal y en el hipocampo, regiones cerebrales implicadas en el funcionamiento de la memoria declarativa.

Otro cambio que contribuye a la pérdida de memoria relacionada con la edad es el desarrollo, aproximadamente a los sesenta años, de lesiones en la sustancia blanca del cerebro, los haces de axones que transmiten los mensajes por todo el cerebro y el sistema nervioso central. Psicólogos escoceses realizaron en 2003 un estudio longitudinal en el que compararon los resultados de pruebas de capacidad cognoscitiva obtenidos por personas de setenta y ocho años, con sus resultados cuando tenían once años. Esta comparación fue posible gracias a que, durante 1932, en Escocia se realizaron estas pruebas a cientos de niños de once años, y los resultados quedaron registrados en los centros locales de sanidad. Las pruebas evaluaban la memoria y la capacidad de aprendizaje, el razonamiento no verbal, la velocidad de procesamiento y las funciones ejecutivas (la capacidad para planificar y coordinar varias tareas).

Al estudiar los cerebros de las personas de setenta y ocho años por medio de resonancias magnéticas, se comprobó que quienes padecían lesiones de la sustancia blanca más extendidas presentaban las mayores diferencias cognoscitivas respecto a la edad de once años. Especialmente interesante resultó el hecho de que las lesiones de la sustancia blanca servían como indicador para predecir los resultados de la segunda prueba, incluso en mayor medida que los resultados de la primera. En la figura 4.1 podrá apreciar la diferencia entre la resonancia magnética de una persona de edad avanzada con mínimas lesiones de la sustancia blanca y la resonancia de otra persona de la misma edad con lesiones muy extendidas.

Aún no conocemos la manera de evitar que se formen lesiones en la sustancia blanca a una edad determinada, pero sí sabemos que son más habituales en unas personas que en otras.

Las personas con riesgos cerebrovasculares, como hipertensión, hipercolesterolemia, enfermedades cardíacas o diabetes, tienen más probabilidades de desarrollar lesiones en la sustancia blanca. No obstante, dado que es posible reducir los riesgos de padecer estas enfermedades, también se puede minimizar la cantidad de lesiones de la sustancia blanca y, por lo tanto, es posible preservar

Figura 4.1. *La sustancia blanca*

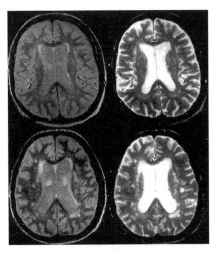

Resonancias magnéticas funcionales del cerebro de dos personas de la misma edad (ochenta y un años), uno de ellos con lesiones mínimas en la sustancia blanca (las dos imágenes superiores) y otro con extensas lesiones en la sustancia blanca (las imágenes inferiores). Se pueden apreciar lesiones en la sustancia blanca profunda que rodea a los ventrículos con forma de mariposa, son las manchas de color gris claro de las imágenes de la izquierda y las manchas blancas de las imágenes de la derecha. C. R. Guttman, R. Benson, S. K. Warfield y otros, «White Matter Abnormalities in Mobility-Impaired Older Persons», *Neurology*, n° 54, págs. 1277-1283. Reproducido con permiso de Lippincott Williams & Wilkins.

la memoria y las funciones cerebrales relacionadas con ella. (Trataremos este tema en detalle en el capítulo 5.)

El hecho de que algunas personas envejezcan mejor que otras no resulta sorprendente. Además, existen pruebas de la variabilidad con la que nuestro cerebro cambia con la edad. En un estudio realizado en el año 2002 en la Universidad de Stanford, se empleó la resonancia magnética funcional para medir los patrones de activación cerebral en tres subregiones de la corteza frontal durante una prueba de memoria, en adultos jóvenes y en dos subgrupos de personas mayores. El subgrupo de personas mayores que obtuvo peores resultados en las pruebas fue el de menores niveles de activación en las tres zonas del cerebro. Al compararlos con el subgrupo de personas jóvenes, se comprobó que los ancianos con mejores resultados presentaban un patrón de actividad cerebral

---

¿ESTÁ ENCOGIENDO SU CEREBRO?

El cerebro de casi todas las personas se encoge, o atrofia, con la edad. Sin embargo, el número de neuronas que se pierden es relativamente pequeño. La razón es que la disminución de la masa y el volumen del cerebro no es tanto el resultado de la pérdida de neuronas, sino más bien de cambios estructurales en las propias neuronas: pérdida de las ramas neuronales (dendritas), reducción de la densidad sináptica y deterioro de la vaina de mielina que recubre los axones.

El cerebro sólo sufre pérdidas sustanciales de neuronas en caso de trastornos de la memoria como la enfermedad de Alzheimer. La pérdida de neuronas en el hipocampo y en alguna otra zona del cerebro produce las dificultades con la memoria a corto plazo característica de los enfermos de Alzheimer.

---

similar en dos de las regiones cerebrales y que incluso era superior en una de ellas.

Este descubrimiento indica que la región cerebral más activada ayudaba a realizar el trabajo mental necesario para completar la prueba. Es posible que esta ayuda funcional sea una de las tácticas empleadas por los cerebros para envejecer satisfactoriamente.

¿QUÉ FUNCIONES COGNOSCITIVAS SON MÁS VULNERABLES AL PASO DEL TIEMPO?

Los cambios cerebrales relacionados con la edad pueden afectar a la memoria y demás operaciones relacionadas de muy diferentes modos. Las siguientes funciones son las más propensas a presentar afecciones relacionadas con la edad:

- *La memoria de trabajo.* Nuestra capacidad para retener y procesar información es reducida. Recordar un número de teléfono y marcarlo y comparar el precio por kilogramo de dos productos son dos ejemplos.
- *La velocidad de procesamiento.* La velocidad de procesamiento disminuye, lo que puede llegar a afectar tanto a la recuperación de los nombres de nuestros conocidos como a la

capacidad para mantener el ritmo de una conversación o de otros tipos de comunicaciones que deben procesarse en el acto. De hecho, una de las principales teorías sobre los cambios cognoscitivos relacionados con la edad, llamada *teoría de la velocidad de procesamiento*, establece que esta lentificación general es el reflejo de todos los cambios en la función cognoscitiva y en la memoria. Un procesamiento más lento conduce a una codificación de información más lenta y menos eficaz, lo que, a su vez, hace que la memoria se debilite.

- *La atención a los detalles.* Desarrollar tareas en las que es necesario prestar atención a los detalles puede suponer un desafío. Cuando hacemos frente a una información nueva, es posible que nos quedemos con sus rasgos principales tan bien como una persona que tenga la mitad de nuestra edad, pero puede que no absorbamos la misma cantidad de detalles. Por ejemplo, después de contemplar un cuadro durante un minuto, tanto una persona de veinticinco años como una de cincuenta y cinco recordarán que representaba un paisaje, y que abundaban los verdes y los rosas, pero la persona más joven probablemente será capaz de recordar más elementos específicos, como unos conejos bajo los arbustos o una canoa en el lago.

- *La memoria declarativa.* Cada vez resulta más complicado formar recuerdos declarativos. En concreto, puede que usted tenga dificultades para recordar datos verbales (nombres de personas, lugares u objetos) y datos espaciales (como el camino a un sitio nuevo). También es probable que le cueste recuperar recuerdos declarativos adquiridos previamente (como una palabra o un nombre concretos).

- *El origen de los recuerdos.* Recordar la fecha y el lugar en los que sucedió un determinado acontecimiento resulta más costoso con el paso del tiempo. Puede que recordemos haber aparcado el coche, pero que no seamos capaces de acordarnos dónde, o que sepamos que hemos cenado en un restaurante concreto, pero no si fue hace dos meses o hace cuatro.

- *La multitarea.* Se hace más difícil llevar a cabo la multitarea, es decir, realizar más de una actividad de forma simultánea. Es un hecho particularmente preocupante, ya que en nuestra era los avances tecnológicos nos pueden obligar a hacer frente a dos o más tareas a la vez, como hablar por teléfono mientras usamos el ordenador, por ejemplo.

• *El procesamiento visoespacial.* Las tareas visuales y de construcción complejas, como montar un rompecabezas tridimensional o dibujar diseños geométricos intrincados, resultan más complicadas.

¿QUÉ FUNCIONES COGNOSCITIVAS RESISTEN MEJOR EL PASO DEL TIEMPO?

Los cambios que se producen en el cerebro a medida que envejecemos pueden llegar a preocuparnos, aunque también hay otras muchas parcelas del pensamiento que no se ven afectadas por la edad. Estas funciones nos ayudan a superar algunos de los problemas de la memoria y del aprendizaje que están relacionados con la edad:

• *La atención.* La capacidad para prestar y mantener la atención permanece relativamente intacta durante el proceso de envejecimiento.
• *El lenguaje.* A lo largo de nuestra vida retenemos una gran cantidad de palabras y de significados de palabras, y mantenemos en nuestro cerebro las reglas de combinación necesarias para formar estructuras lingüísticas con significado.
• *La memoria procedimental.* Las habilidades y los procedimientos que usamos para llevar a cabo tareas (como andar en bicicleta o tocar el piano) permanecen prácticamente intactos a lo largo de nuestra vida. También conservamos casi toda nuestra capacidad para formar nuevos recuerdos procedimentales.
• *El razonamiento.* La edad no tiene ningún efecto sobre nuestra capacidad para razonar sobre lo que conocemos, emitir juicios de valor o construir argumentos sólidos.
• *La fuerza de voluntad.* Nuestro empeño no se ve afectado por los cambios cerebrales estrictamente relacionados con la edad.

Es más, en la actualidad sabemos que, si usted tiene la fuerza de voluntad suficiente como para hacer un esfuerzo adicional en concentrarse y aprender, al final será recompensado, es decir, será capaz de recordarlo igual que si fuera joven.

- *La creatividad*. Retenemos la capacidad de expresarnos mediante el arte, la comunicación o cualquier medio que se nos ocurra.
- *La sabiduría*. La razón por la que siempre asociamos la sabiduría a la edad avanzada es la siguiente: la capacidad para extraer conocimientos de la experiencia y para comprender permanece indemne, e incluso mejora, con el paso del tiempo. Por lo tanto, no debería sorprendernos que la edad media de los miembros del Tribunal Supremo de Estados Unidos sea setenta años, ni que los nombraran a los cincuenta, de media.

¿EXISTE UNA FUENTE DE LA ETERNA JUVENTUD EN NUESTRO CEREBRO?

Todos sabemos que algunas personas envejecen mejor que otras. Hay personas de sesenta años que se encuentran en plena forma y las hay letárgicas y con sobrepeso. Incluso algunas no tienen arrugas a los cuarenta y cinco (y no gracias a la cirugía plástica). Análogamente, el cerebro de determinadas personas permanece jóven durante más tiempo.

Cómo envejecemos depende esencialmente de nuestros genes. Pero también existe una gran cantidad de factores que podemos controlar. Al igual que podemos reducir el número de arrugas de nuestro rostro, también podemos reducir la incidencia de algunos cambios cerebrales relacionados con la edad con buenos hábitos, como llevar una dieta saludable, practicar ejercicio físico con regularidad y ejercitar nuestro cerebro con nuevas tareas.

Parte de los hábitos saludables que ayudan a proteger el cerebro frente a los efectos de la edad también ayudan a prevenir la aparición de los problemas de memoria. En el próximo capítulo explicaremos algunas de las causas reversibles de los trastornos de la memoria, así como los métodos para controlarlas.

Capítulo 5

Las causas de los problemas de memoria

Michael estaba consternado. Su médico de cabecera le había derivado a mi consulta porque creía que estaba desarrollando la enfermedad de Alzheimer. Me relató con ansiedad hasta los más diminutos detalles de media docena de ocasiones en las que su memoria había fallado durante los últimos meses, incluyendo un nombre olvidado, una cita olvidada y cuando se equivocó de salida en la autopista.

Al rato de haber empezado la consulta, le planteé una pregunta rutinaria sobre su estado emocional. Esa pregunta hizo aparecer una expresión de dolor en el rostro de Michael, que comenzó a agitarse incómodo en su silla. Me contó que llevaba más de un año deprimido, desde la muerte de su nieto en un accidente de tráfico. Aunque su pastor le había proporcionado consuelo espiritual, él no había conseguido superar su dolor, que lo atenazaba cada noche antes de acostarse y cada mañana nada más despertar. Además, solía despertarse en medio de la noche, incapaz de volver a conciliar el sueño. Se levantaba exhausto cada día, sintiendo como si estuviera arrastrándose a sí mismo fuera de la cama.

Michael se sometió a un examen neurológico y a una tomografía computerizada. Los resultados de ambas pruebas fueron normales. El exámen clínico al que lo sometí reveló signos típicos de depresión, con índices de atención y concentración muy bajos. Las pruebas de aprendizaje y memoria mostraron un trastorno secundario leve.

Michael comenzó a acudir a psicoterapia para conseguir superar la pena por la muerte de su nieto y se le prescribió un antidepresivo. La depresión fue remitiendo poco a poco y su sueño mejoró. A los cinco meses se le retiró la medicación. En la revisión realizada seis meses después, su examen neuropsicológico fue completamente normal.

Al igual que Michael, muchos pacientes de los que acuden a mi consulta con problemas de memoria descubren que la causa de éstos es algo que nunca imaginaron que podría afectar a su capacidad para pensar o recordar. A menudo, la causa es una afección común (como la depresión) o un trastorno que aumenta el riesgo de padecer una enfermedad cardiovascular (como la presión arterial elevada o la diabetes). Otras posibles causas de las pérdidas de memoria son los cambios hormonales que, de forma natural, se producen durante ciertas etapas de la vida. En el caso de las mujeres, los desequilibrios hormonales que se producen tras un parto o durante la menopausia pueden hacer que se sientan menos inteligentes. Los hombres también pasan por una fase de importantes cambios hormonales cuando envejecen: el descenso de los niveles de testosterona se ha asociado a problemas de memoria relacionados con la edad. Y eso no es todo, otras causas de la pérdida de memoria son los hábitos perjudiciales (como el consumo excesivo de alcohol, hacer poco ejercicio físico o dormir poco) y la falta de desafíos mentales.

Afortunadamente, muchas de las causas de las disfunciones de la memoria son evitables o bien se pueden tratar. El consumo de alcohol puede reducirse. Es posible llevar una dieta más sana y establecer una rutina de ejercicio para reducir el riesgo de padecer enfermedades cardiovasculares o diabetes, las cuales podrían provocar accidentes cerebrovasculares o una reducción del riego sanguíneo. En el capítulo 9 facilitaremos una descripción completa de todos los métodos que podemos aplicar. Además, el tratamiento de las dolencias subyacentes que provocan las pérdidas de memoria (como la hipertensión) pueden ayudarnos a mantener nuestra memoria en unas condiciones óptimas.

Aunque podemos controlar muchos de los factores que afectan a la calidad de nuestra memoria, algunas otras causas de las pérdidas de memoria no pueden ser tratadas, sobre todo las que guardan relación nuestra herencia genética.

LOS GENES

Las docenas de estudios que se han realizado en más de diez mil pares de hermanos gemelos que crecieron separados nos han demostrado que la herencia genética influye en alrededor de la mitad de las capacidades mentales. Los genes ayudan a determinar cómo se desarrolla y cómo evoluciona nuestro cerebro a lo largo de nuestra vida. Nuestros genes afectan a la formación de las estructuras anatómicas relacionadas con la memoria y a su declive con la edad. Y también influyen en el riesgo que tenemos de padecer muchas de las enfermedades que deterioran la memoria, como el Alzheimer, la hipertensión o la depresión.

Durante los últimos diez años se han identificado varios genes relacionados con la enfermedad de Alzheimer. La verdad es que aún quedan por descubrir genes e interacciones entre genes, que se supone desempeñan un papel muy importante tanto en el funcionamiento normal de la memoria como en la predisposición a sufrir un trastorno de la misma. Aunque se trate de una información de carácter técnico, a continuación resumiremos las características de cinco genes importantes para la memoria:

- *Las apolipoproteínas (ApoE).* Se sabe que una de las variantes del gen ApoE, la ApoE e4, aumenta el riesgo de padecer Alzheimer familiar de forma esporádica o tardía, aunque de hecho no provoque la enfermedad. La variante, o *alelo*, e4 se asocia también a una tasa de absorción de colesterol elevada y a un aumento en la incidencia de las enfermedades coronarias. Los dos alelos restantes (e2 y e3) no se asocian a un aumento de los factores de riesgo, en realidad la presencia del alelo e2 conlleva una reducción del riesgo de padecer Alzheimer.
- *La presenilina 1 y la presenilina 2.* La presenilina 1 y la presenilina 2 causan Alzheimer hereditario de aparición temprana, un trastorno de la memoria relativamente poco frecuente que afecta a personas menores de sesenta años. En sus formas mutadas, estos genes estimulan la producción en el cerebro de las placas destructivas características de la enfermedad de

Alzheimer. La presenilina 1 es el más común de los dos genes. Su presencia se ha detectado en casi la mitad de los casos de Alzheimer de aparición temprana.

- *El gen precursor de la proteína amiloide*. Las mutaciones en este gen también pueden provocar Alzheimer de aparición temprana. Como en el caso de las presenilinas, la mutación del gen precursor de la proteína amiloide aumenta la producción de la sustancia que forma las placas destructivas halladas en el cerebro de las personas con Alzheimer.

- *El factor neurotrófico derivado del cerebro (BDNF)*. El BDNF es un gen que regula la producción de la hormona del crecimiento del cerebro, una sustancia química que fluye hacia las sinapsis o espacios interneuronales para ayudar en la transmisión de mensajes. Todavía no se ha definido la relación entre el BDNF y la enfermedad de Alzheimer tan detalladamente como en los demás casos de los genes aquí citados. Sin embargo, según un estudio publicado en la revista *Cell* (2003), las personas con la variante «met» del BDNF tienen una memoria episódica más débil que las personas con la variante «val». Además, se observó que el cerebro de las personas con la variante «met» presentaba anomalías en su funcionamiento. Mediante resonancias magnéticas funcionales se pudo comprobar que los individuos con esta variante del gen tenían unos patrones de actividad en el hipocampo diferentes a los de los individuos sin esta variante, una diferencia que probablemente explique la debilidad de su memoria episódica.

Aún queda mucho por aprender acerca de la relación entre los genes y la enfermedad de Alzheimer. Aparte de las mutaciones genéticas que provoquen la enfermedad, es cierto que existen algunos genes que nos protegen frente a ella. Si consiguiéramos identificar esos genes y comprender su funcionamiento, estaríamos mucho más cerca de ser capaces de prevenir y tratar este trastorno.

LAS HORMONAS

Las hormonas sexuales afectan a la memoria, tanto en los hombres como en las mujeres. Con la edad, descienden los niveles de estrógenos en las mujeres y de testosterona en los hombres. Esta disminución contribuye, sin duda alguna, a la pérdida de memoria relacionada con la edad.

Muchas mujeres padecen problemas de memoria durante la menopausia, período en el que sus niveles de estrógenos descienden drásticamente. Los resultados de algunos análisis de laboratorio indican que los estrógenos podrían ser beneficiosos para la memoria porque protegen las neuronas. En cuanto a los hombres, un amplio estudio realizado por el Instituto Nacional de la Tercera Edad de Estados Unidos concluyó que quienes presentan unos niveles de testosterona en sangre más elevados tienen una mejor memoria verbal y visual. Los niveles bajos de testosterona aumentan el riesgo de aparición de trastornos de la memoria. Es más, en otro estudio publicado en la revista *Neurology* (2004), se demostró que los hombres con niveles de testosterona bajos tienen más probabilidades de padecer Alzheimer.

De todo lo anterior podría deducirse, lógicamente, que los suplementos hormonales ayudan a prevenir la pérdida de memoria. Durante muchos años se creyó que así era, al menos para las mujeres. Sin embargo, esta teoría fue desmentida por un ensayo clínico estadounidense, el *Women's Health Initiative Memory Study* (WHIMS).

Los investigadores participantes en el WHIMS publicaron en el año 2003 que la multiterapia estrógeno-progestina no sólo no consigue mejorar la memoria de las mujeres posmenopáusicas, sino que llega a doblar las probabilidades de que sufran demencia. Un año después, determinaron que la monoterapia a base de estrógenos se asocia a una mayor incidencia de la demencia. Se descubrió también que los estrógenos aumentan el riesgo de que las mujeres sanas sufran accidentes cerebrovasculares. Finalmente, en otro estudio relacionado, se concluyó que los estrógenos podrían llegar a aumentar las probabilidades de padecer disfunción cognoscitiva leve, un trastorno que muchos expertos consideran como un precursor del Alzheimer.

Aunque todavía no disponemos de todas las piezas del «rompecabezas de los estrógenos», ya que los detractores del WHIMS han cuestionado tanto su diseño como sus conclusiones, las terapias hormonales sustitutivas a base de estrógenos ahora llevan un prospecto en el que se advierte que no evitan las pérdidas de memoria y que aumentan ligeramente el riesgo de padecer demencia.

En cuanto a los beneficios de los suplementos de testosterona para los hombres, aún no disponemos de datos concluyentes sobre sus efectos a largo plazo. En un estudio publicado en la revista *Journal of Cognitive Neuroscience* (2000), se aseguraba que la memoria de trabajo de los hombres mejoraba tras haber tomado suplementos de testosterona. No obstante, el tratamiento con testosterona puede aumentar el riesgo de padecer ciertos tipos de cáncer y se ha asociado a una mayor incidencia de los accidentes cerebrovasculares en algunos individuos. Cuando recibo en mi consulta a un paciente con síntomas de niveles bajos de testosterona (reducción de la libido, debilidad y malestar general), le recomiendo que acuda a un endocrino o a su médico de cabecera para que comprueben sus niveles hormonales. Ambos podrán decidir con más conocimiento de causa sobre los pros y contras del tratamiento con testosterona.

LAS ENFERMEDADES MÁS COMUNES RELACIONADAS CON LA EDAD

Algunas de las enfermedades típicamente relacionadas con la edad pueden debilitar nuestra memoria, tanto directa como indirectamente. Los medicamentos administrados para tratar algunas de ellas también presentan efectos adversos en lo que respecta a la capacidad de concentración y la memoria. (Hemos clasificado la enfermedad de Alzheimer, la más conocida de todas las enfermedades relacionadas con la edad que pueden causar problemas de memoria, en el grupo de los «trastornos neurológicos», que aparece en este mismo capítulo.)

LAS ENFERMEDADES CORONARIAS Y SUS FACTORES DE RIESGO

Lo que es malo para el corazón también lo es para el cerebro. Las dolencias que suponen un factor de riesgo para las enfermedades cerebrovasculares y cardíacas, como la hipercolesterolemia, la hipertensión y la diabetes, aumentan el riesgo de padecer problemas de memoria. Mediante el tratamiento de estos trastornos con medicamentos, cambios en la dieta y ejercicio podemos conseguir que nuestra memoria permanezca en buenas condiciones.

- *La hipercolesterolemia.* Si el nivel de colesterol es elevado, las probabilidades de sufrir problemas de memoria en el futuro son mucho mayores que si se encuentra dentro de los niveles que los médicos consideran apropiados (véase la tabla 5.1), es decir, por debajo de 200 miligramos por decilitro (mg/dl). Concretamente, el colesterol alto aumenta el riesgo de padecer varios trastornos cerebrales, como la disfunción cognoscitiva leve, los accidentes cerebrovasculares o la enfermedad de Alzheimer.

  Aún no conocemos con exactitud los mecanismos por los que el colesterol provoca las pérdidas de memoria, ni si la clave es el exceso de lipoproteínas de baja densidad (LDL, el colesterol «malo») o la falta de lipoproteínas de alta densidad (HDL, el colesterol «bueno»). No obstante, algunos datos preliminares obtenidos de estudios recientes sugieren que las personas con colesterol elevado tratadas con estatinas, un tipo de medicamento para reducir el colesterol, consiguen además reducir sus riesgos de padecer Alzheimer y disfunción cognoscitiva leve. Cuando conozcamos los resultados definitivos de este y otros estudios que se están llevando a cabo actualmente, podremos determinar el potencial de las estatinas en la prevención y tratamiento de la demencia.

- *La hipertensión.* Sin importar de la edad que tengamos, las probabilidades de que suframos problemas de memoria son mayores si nuestra presión arterial es elevada que si se encuentra dentro de los límites normales. Además, las disfunciones de la memoria serán más graves. Sufrimos de hipertensión si

Tabla 5.1: *Niveles de colesterol y triglicéridos.*

Nivel de colesterol total	Categoría
Menos de 200 mg/dl	Deseable
200-239 mg/dl	Casi alto
240 mg/dl o más	Alto
Niveles de colesterol LDL	**Categoría**
Menos de 100 mg/dl	Óptimo
100-129 mg/dl	Casi óptimo
130-159 mg/dl	Casi alto
160-189 mg/dl	Alto
190 mg/dl o más	Muy alto
Niveles de colesterol HDL	**Categoría**
Menos de 40 mg/dl	Bajo (mayor riesgo)
60 mg/dl o más	Alto (cardioprotector)
Niveles de triglicéridos	**Categoría**
Menos de 150 mg/dl	Normal
150-199 mg/dl	Casi alto
200-499 mg/dl	Alto
500 mg/dl o más	Muy alto

Adaptado del informe del Instituto Nacional de Corazón, Pulmón y Sangre de Estados Unidos: *Third Report of the National Cholesterol Education Program (NCEP) Expert Panel on Detection, Evaluation, and Treatment of High Blood Cholesterol in Adults (Adult Treatment Panel III) Final Report*, mayo de 2001, pág. 13.

nuestra presión sistólica (la presión mientras el corazón late) supera sistemáticamente los 140 mm Hg, o si la presión diastólica (la presión entre latidos) supera sistemáticamente los 90 mm Hg.

Se cree que la hipertensión perjudica la memoria al dañar los pequeños vasos sanguíneos que desembocan en la sustancia blanca del cerebro, los haces de axones que transmiten los mensajes por todo él y por el sistema nervioso central. Prácti-

PÉRDIDAS DE MEMORIAS POSCIRUGÍA CARDÍACA

Más de 500.000 estadounidenses se someten cada año a una intervención quirúrgica de derivación coronaria para corregir anginas de pecho o insuficiencias vasculares. Las personas que se han sometido a cirugía cardíaca suelen tener problemas para concentrarse y recordar. La causa exacta de todos estos problemas cognitivos todavía no se conoce con exactitud, aunque probablemente no sea una, sino varias. Las más probables son el impacto de la anestesia y de la cirugía invasiva, la interrupción del suministro de oxígeno al cerebro durante la operación, las lesiones en los vasos sanguíneos y la respuesta inflamatoria generalizada con aumento de permeabilidad en la barrera hematoencefálica (un mecanismo fisiológico que modifica los capilares, evitando la entrada de ciertas sustancias al cerebro). Una pregunta muy importante es si estos efectos son temporales o permanentes. Además, convendría saber hasta qué punto existían estas deficiencias previamente a la intervención.

En un informe publicado en la revista *New England Journal of Medicine* (2001), un equipo de investigadores de la Universidad de Duke comunicó que el 53% de los pacientes sometidos a una derivación coronaria presentaban deficiencias cognitivas hasta el momento del alta hospitalaria. Aunque la incidencia de los problemas cognitivos se redujo al 24% tras seis meses, los autores observaron, sorprendentemente, que aumentaba cinco años después hasta el 42%. Por el contrario, un equipo de investigación alemán que realizó un estudio para evaluar los factores de riesgo vasculares tras las intervenciones quirúrgicas, observó una mejoría en el estado neuropsicológico de sus 52 pacientes en seguimientos que oscilaron entre los treinta y dos y los sesenta y cinco meses. Ninguno de los pacientes mostró deterioro global de sus funciones cognitivas.

Las nuevas técnicas quirúrgicas, como la cirugía de revascularización miocárdica sin circulación extracorpórea, parecen estar dando mejores resultados. Las futuras investigaciones sobre el uso de neuroprotectores antes de las operaciones, el refinamiento de las técnicas anestesiológicas y quirúrgicas y un serio compromiso en cuanto a la observación de los factores de riesgos vasculares posoperatorios, permitirán obtener mejores resultados cognitivos tras las cirugías de derivación.

camente todas las personas mayores de sesenta años presentan algún grado de lesión o anomalía en la sustancia blanca, lo que contribuye a la aparición de las pérdidas de memoria relacionadas con la edad. Sin embargo, en las personas con hipertensión estos daños son mucho más extensos que en las personas de su misma edad con una presión arterial normal.

Las investigaciones indican que, si la hipertensión no se trata adecuadamente, también puede predisponernos a padecer demencia. Es más, con la ayuda de resonancias magnéticas del cerebro se ha descubierto que un aumento de la presión arterial puede llegar a provocar accidentes cerebrovasculares, una de las causas de la demencia. La hipertensión también hace que aumente el riesgo de sufrir cardiopatías, las cuales pueden provocar pérdidas de memoria. Uno de los tratamientos quirúrgicos más habituales para las cardiopatías, la derivación arterial coronaria, puede originar, por sí misma, una disfunción de la memoria. (Véase el cuadro «Pérdidas de memoria poscirugía cardíaca», en página anterior.)

La buena noticia es que se cree que, al reducir la presión arterial, se ayuda a conservar durante la vejez tanto la memoria como otras funciones cerebrales. Así que, si usted padece hipertensión, debería acudir a su médico para recibir el tratamiento oportuno.

• *La diabetes*. La hiperglucemia, característica de la diabetes, puede afectar al funcionamiento del hipocampo, la estructura cerebral que sirve para consolidar los recuerdos declarativos (nombres, caras y demás datos objetivos). Comprender este proceso es sencillo. Cuando hay demasiada azúcar en la sangre, hay demasiado poco en otras partes del organismo, como el cerebro. Así que el cerebro se queda sin energía. Diferentes investigaciones han demostrado que la diabetes puede llegar a provocar daños estructurales en el hipocampo y en los lóbulos temporales del cerebro.

Los problemas de memoria son habituales entre las personas que padecen diabetes, así como entre aquellas que tienen una disfunción leve del metabolismo de la glucosa (niveles de azúcar en sangre ligeramente altos). En el año 2003, unos investigadores de la Facultad de Medicina de la Universidad de Nueva York descubrieron que los individuos con algún tipo de deficiencia en el metabolismo de la glucosa obtenían peores resultados en las pruebas de memoria a corto plazo que aquellos con niveles normales de glucosa. Es más, se comprobó que el hipocampo de las personas con hiperglucemia era más pequeño. Las deficiencias en el metabolismo de la glucosa (también conocidas como alteraciones de la tolerancia a la glucosa) son uno de los cinco síntomas del síndrome X o síndrome metabólico, un conjunto de factores de riesgo de cardiopatías que tienden a agruparse en determinadas personas. Los otros cuatro síntomas son la hipertensión, niveles altos de triglicéridos, HDL (el colesterol «bueno») bajo y la obesidad abdominal.

Las pruebas también indican que quienes padecen diabetes mellitus (diabetes tipo 1) presentan un mayor riesgo de desarrollar la enfermedad de Alzheimer en el futuro. Una vez más, la conexión entre la diabetes y el riesgo de sufrir trastornos de la memoria resulta evidente, debido a la relación existente entre la diabetes y las enfermedades cerebrovasculares. A pesar de que las inyecciones de insulina, necesarias para muchas de las personas que sufren diabetes de tipo 1, provocan una disfunción cognoscitiva leve, este efecto suele producirse sólo inmediatamente después de la administración de la medicación y habitualmente remite por completo. Por lo tanto, si usted tiene diabetes, tanto del tipo 1 como del tipo 2, es esencial que reciba un tratamiento que no se limite a controlar los niveles de azúcar en sangre, sino que también procure prevenir la aparición de futuros problemas de memoria.

Si sus niveles de azúcar en sangre son normales, es conveniente que tome medidas para que continúe siendo así. La causa principal de la diabetes tipo 2 son dos malos hábitos: el sedentarismo y el sobrepeso. Controlando nuestro peso y practicando ejercicio físico con regularidad podemos evitar la aparición de esta enfermedad y mantener nuestras funciones cognoscitivas en buena forma. (Para más información, véase el capítulo 9.)

LA DISFUNCIÓN TIROIDEA

La glándula tiroidea segrega hormonas que regulan nuestro metabolismo, es decir, controlan la tasa de consumo de energía que nuestro organismo consume. Cuando esta glándula no funciona correctamente, hace que nuestro metabolismo trabaje demasiado rápido o demasiado despacio. Ambas opciones pueden llegar a interferir con nuestro aprendizaje o nuestra memoria. Las investigaciones con animales demuestran que los cambios en la concentración sanguínea de hormona tiroidea provocan cambios fisiológicos en el hipocampo.

El hipertiroidismo puede afectar a la memoria y a la capacidad para mantener la atención. También se ha asociado a ansiedad, insomnio y temblores. El hipotiroidismo puede provocar una lentificación cognoscitiva generalizada, apatía y otras dolencias psiquiátricas. Si usted sufre algún trastorno tiroideo, podría evitar o corregir sus problemas de memoria simplemente recibiendo el tratamiento médico adecuado.

LOS TRASTORNOS NEUROLÓGICOS

Diversos trastornos neurológicos dañan tanto las neuronas como las redes neuronales de forma directa o bien impiden que las neuronas funcionen correctamente, lo que causa pérdidas de memoria y otros tipos de disfunción cognoscitiva.

LA ENFERMEDAD DE ALZHEIMER

La enfermedad de Alzheimer es, sin lugar a dudas, la dolencia neurológica más conocida de entre las que provocan pérdidas de memoria. El Alzheimer es la principal causa de demencia en Estados Unidos, ya que afecta a cuatro millones y medio de personas y supone un gasto sanitario de alrededor de cien mil millones de dólares al año. Se estima que en el año 2050 habrá entre once y dieciséis millones de estadounidenses afectados de esta enfermedad.

El Alzheimer provoca una pérdida sustancial de neuronas y la aparición de rasgos patológicos característicos: las *placas amiloides* y los *ovillos neurofibrilares*. Las placas y los ovillos contienen *ß-amiloide*, la sustancia proteínica «pegajosa» que se cree es la clave de la evolución de la enfermedad de Alzheimer. En las primeras fases de la enfermedad, estos rasgos aparecen principalmente en el hipocampo, produciendo las características deficiencias de memoria. Cuando la enfermedad progresa, llega a afectar a la mayoría de las regiones de la corteza cerebral, poniendo en riesgo el conjunto de la función cognoscitiva. En el capítulo 7 trataremos con más detalle la enfermedad de Alzheimer, y en el 8 explicaremos sus tratamientos.

LOS ACCIDENTES CEREBROVASCULARES

La segunda causa en importancia de la demencia es, tras el Alzheimer, el accidente cerebrovascular. Se produce al interrumpirse el riego sanguíneo a alguna región del cerebro. Las neuronas, igual que el resto de células del organismo, necesitan un suministro continuo de oxígeno sanguíneo para poder seguir funcionando. Cuando el riego sanguíneo cerebral se reduce o se interrumpe, las neuronas no reciben nutrientes y pueden llegar a morir.

Incluso los accidentes cerebrovasculares asintomáticos pueden provocar demencia. En un amplio estudio publicado en 2003 en la revista *New England Journal of Medicine* se aseguraba que las personas que han sufrido accidentes cerebrovasculares tienen más del doble de posibilidades de desarrollar demencia que quienes no los han sufrido, en los tres años y medio posteriores al accidente. Igualmente, en los pacientes que no llegaron a padecer demencia se observaba un mayor declive en su rendimiento intelectual en comparación con las personas que no habían sufrido este tipo de accidentes.

Si los accidentes cerebrovasculares actúan en sinergia junto con patologías subyacentes propias del Alzheimer, pueden llegar a provocar la aparición de una enfermedad sintomática. En 1997, los investigadores de la Universidad de Kentucky publicaron en la revista *Journal of the American Medical Association (JAMA)* un estudio realizado en monjas ancianas, que tuvo una gran repercusión. En él afirmaban que las participantes que habían sufrido algún accidente cerebrovascular tenían una mayor tendencia a presentar un diagnóstico de demencia que las participantes con síntomas de tener placas y ovillos en sus cerebros, pero que no habían sufrido accidentes cerebrovasculares. En otras palabras, un accidente cerebrovascular, por muy leve que sea, reduce la cantidad de síntomas necesarios para que el Alzheimer provoque síntomas de demencia.

La hipertensión, la hipercolesterolemia y la diabetes aumentan los riesgos de padecer accidentes cerebrovasculares. Aunque la herencia genética tiene mucha importancia en cuanto a las probabilidades de que suframos alguna de estas enfermedades, los hábitos y el estilo de vida son, cuando menos, igualmente importantes. Es posible reducir la incidencia de estas enfermedades evitando fumar, siguiendo una dieta equilibrada, manteniendo un peso normal y practicando algún tipo de ejercicio físico con regularidad. Si usted sufre de hipertensión o de hipercolesterolemia, asegúrese de recibir el tratamiento adecuado e intente mejorar sus hábitos y su estilo de vida.

LOS TRAUMATISMOS CRANEOENCEFÁLICOS

Un golpe en la cabeza lo suficientemente fuerte como para causar una conmoción (una breve pérdida de la conciencia) llega a afectar a la memoria de forma temporal. El propio impacto puede dañar directamente las neuronas, tensar o rasgar los axones, que son las finas «colas» de las neuronas que componen la sustancia blanca y forman el sistema de comunicaciones del cerebro y la médula espinal.

Habitualmente, las personas que sufren una conmoción leve recuperan la totalidad de su memoria y de sus funciones cerebrales en pocas horas o días, a lo sumo. Sin embargo, un traumatismo craneal grave, como en el caso de un accidente de tráfico a gran velocidad, suele dejar secuelas permanentes. Además, la repetición de conmociones leves (en el caso de los boxeadores profesionales, por ejemplo) puede provocar la aparición futura de demencia y otros trastornos cerebrales. Los años de práctica de deportes de contacto en los que se golpea la cabeza repetidamente, como el fútbol o el hockey sobre hielo, tienen análogas consecuencias sobre la memoria y las funciones cerebrales.

El interés por las conmociones que se producen tanto en los deportes recreativos como en los profesionales ha ido ganando repercusión durante la última década del siglo XX. De hecho, muchos equipos profesionales han adoptado un programa sobre los procedimientos aplicables en caso de conmoción. En 1997, la liga estadounidense de hockey sobre hielo instituyó un protocolo de comportamiento en caso de conmoción; gracias a éste cada jugador que se incorpora a la liga debe someterse a unas pruebas neuropsicológicas estandarizadas. Los datos de esas pruebas se emplean para tratar las posibles futuras conmociones. Cada equipo tiene asignado un neuropsicólogo que examina a los jugadores tras sufrir una conmoción y deciden sobre la posibilidad de que el jugador vuelva a competir. Yo mismo he realizado esta tarea para los Boston Bruins.

Esta práctica se ha extendido por numerosas universidades e institutos estadounidenses, en un amplio abanico de deportes de contacto. El riesgo de sufrir una conmoción puede reducirse usando el cinturón de seguridad cada vez que vayamos en coche, el casco cada vez realizamos actividades como montar en bicicleta, en moto, en patín, al esquiar o al competir en deportes de contacto.

La enfermedad de Parkinson

Aunque los síntomas característicos del Parkinson sean los temblores y otras alteraciones del movimiento, entre un tercio y la mitad del millón de estadounidenses que padecen esta enfermedad también sufren importantes problemas cognoscitivos y de memoria. La enfermedad de Parkinson, más común entre las personas mayores de cincuenta años, produce la pérdida de neuronas en una estructura cerebral denominada sustancia negra, que produce la *dopamina*, un mensajero químico que regula el movimiento y ayuda en la formación de los recuerdos. Los pacientes con Parkinson presentan frecuentemente deficiencias en su rendimiento en tareas de análisis visoespacial y construcción (como montar rompecabezas y realizar diseños). Un pequeño subgrupo de estos pacientes llega a desarrollar demencia y graves deficiencias en múltiples áreas cognoscitivas, entre las que se incluye la memoria.

Aunque esta enfermedad es crónica y no tiene cura, existen medicamentos con dopamina que alivian los problemas de movimiento. Se han desarrollado intervenciones quirúrgicas y técnicas de estimulación cerebral para ayudar al tratamiento de algunos pacientes cuyos trastornos de movimiento no consiguen controlar mediante medicación.

La demencia con cuerpos de Lewy

La presencia de cuerpos de Lewy en las neuronas es el rasgo distintivo de la enfermedad de Parkinson. También parecen desempeñar un papel importante en otros trastornos neurodegenerativos que provocan demencia. La demencia cortical con cuerpos de Lewy es un tipo de demencia con varios síntomas motores propios de la enfermedad de Parkinson (rigidez muscular y trastornos de la marcha), así como fluctuación y falta de atención, alucinaciones visuales, pensamientos negativos y otras alteraciones psiquiátricas y del comportamiento.

Los síntomas neuropsicológicos iniciales se producen en los campos de la atención y del procesamiento visual de alto orden, que incluye el análisis de imágenes complejas y la capacidad para dibujar o montar rompecabezas. Aunque el rendimiento en las pruebas de memoria no suele ser el normal, la pérdida de memoria no es su consecuencia más perjudicial, sobre todo en las primeras fases. La relación entre los cuerpos de Lewy y la demencia aún no se conoce en su totalidad, y su solapamiento con la enfermedad de Alzheimer ha hecho que obtener un diagnóstico claro de este trastorno sea difícil y controvertido. Una de las teorías existentes asegura que la mayor parte de las personas que tienen demencia con cuerpos de Lewy también presentan la enfermedad de Alzheimer.

LA ESCLEROSIS MÚLTIPLE

La esclerosis múltiple es una enfermedad progresiva que destruye la *mielina*, la vaina que normalmente protege los axones de las neuronas, que forman la sustancia blanca del cerebro y la médula espinal. El resultado es que los impulsos eléctricos de las neuronas, o bien tardan más en alcanzar sus destinos o bien no consiguen alcanzarlos. Así, las neuronas pueden sufrir daños e interferir en futuras comunicaciones neuronales. Según la localización de las lesiones en el sistema nervioso, afectan a una o a varias funciones neurológicas, entre las que se encuentran la memoria, la sensibilidad y el control de los movimientos. Sus síntomas neurológicos más comunes son el entumecimiento, la debilidad y la parálisis.

Alrededor de la mitad de los pacientes con esclerosis múltiple tienen problemas cognoscitivos. Al igual que sucede con los síntomas físicos, la intensidad con la que aparecen los problemas cognoscitivos varía considerablemente. Los más habituales se producen en los campos de la atención, la concentración y las funciones ejecutivas, que son las funciones cognoscitivas más complejas, como planificar y razonar. Las deficiencias en estas áreas pueden tener un impacto secundario sobre la memoria. En algunas personas, todos estos problemas se agravan con el tiempo, mientras que en otras permanecen estables o incluso remiten.

Aún no conocemos la cura para la esclerosis múltiple, pero recientemente se ha descubierto que determinados medicamentos pueden lentificar la progresión de la enfermedad. Muchas de las personas que presentan síntomas de disfunción cognoscitiva relacionados con la esclerosis múltiple responden bien a los medicamentos que potencian la atención y la agudeza mental.

LA EPILEPSIA

La epilepsia es un trastorno cerebral que se caracteriza por la existencia de convulsiones frecuentes, provocadas por una actividad eléctrica anómala en el cerebro. Resulta complicado estimar la prevalencia de los problemas cognoscitivos y de memoria en las personas con epilepsia, ya que su origen puede deberse a la propia enfermedad, a una patología cerebral subyacente, a los fármacos antiepilépticos o a intervenciones quirúrgicas. Al margen de su causa específica, los trastornos cognoscitivos se encuentran entre las principales preocupaciones de las personas que sufren esta enfermedad.

Concretamente, la pérdida de memoria verbal (dificultad para recordar palabras) es uno de los riesgos de la cirugía de la epilepsia del lóbulo temporal, que se realiza en aquellos casos en los que no resulta eficaz la medicación para controlar las convulsiones. Las intervenciones quirúrgicas en el hemisferio izquierdo, la región del cerebro especializada en el lenguaje en la mayoría de las personas, presentan riesgos aún mayores. Para reducir estos riesgos son necesarias una planificación muy cuidadosa y una evaluación pre-quirúrgica detallada de los pacientes. Los métodos para mejorar la memoria que proponemos en este libro también son útiles para las personas afectadas de epilepsia.

La enfermedad de Lyme

La enfermedad de Lyme es la enfermedad transmitida por garrapatas más común en Estados Unidos. Se estima que afecta a alrededor de quince mil estadounidenses al año. Los síntomas habituales son artralgia (dolor en las articulaciones) y fatiga. Si no se trata adecuadamente, la enfermedad de Lyme puede causar problemas de atención, memoria, velocidad de procesamiento y alteraciones en las funciones ejecutivas.

Generalmente, los síntomas de la enfermedad de Lyme remiten, hasta que desaparecen por completo, si se trata al paciente con antibióticos desde la primera fase aguda. Sin embargo, si las bacterias provenientes de la garrapata entran en el torrente sanguíneo y se diseminan por el resto de estructuras anatómicas, puede llegar a hacerse necesaria la administración de antibióticos por vía intravenosa. En casos extremadamente poco habituales, esta enfermedad provoca alteraciones cognoscitivas permanentes. Cuando esto sucede, debe realizarse una evaluación intensiva, que incluya una punción lumbar y un análisis del líquido cefalorraquídeo, para confirmar el diagnóstico.

OTRAS ENFERMEDADES NEUROLÓGICAS

Todas las enfermedades que afectan al cerebro pueden también producir alteraciones de la memoria. Las enfermedades neurológicas menos comunes son la encefalitis (inflamación del cerebro causada por virus o microorganismos), la hidrocefalia normotensiva (exceso de líquido cefalorraquídeo en los ventrículos cerebrales), la enfermedad de Huntington (un trastorno cerebral degenerativo hereditario), la meningitis (inflamación de las membranas que rodean al cerebro y la médula espinal) y los tumores cerebrales. Estas enfermedades suelen diagnosticarse en sus primeras fases, ya que sus síntomas son fácilmente reconocibles.

EL CÁNCER

Los tratamientos que habitualmente se emplean para combatir el cáncer: quimioterapia y radioterapia, pueden inducir pérdidas de memoria. Los investigadores del Centro Oncológico M. D. Anderson de Houston realizaron un estudio sobre la memoria y las funciones cognitivas de mujeres afectadas de cáncer de mama durante la quimioterapia. En el artículo correspondiente, publicado en el año 2003 en la revista *Cancer*, aseguraban que el 33% de las pacientes presentaban deficiencias, antes de comenzar la quimioterapia, en una o más de las siguientes áreas: aprendizaje y memoria, velocidad de procesamiento, atención y percepción visual. Seis meses después de la primera sesión de quimioterapia, el 61% de ellas padecía alguna deficiencia. En bastantes casos, los efectos adversos de la quimioterapia son transitorios; según el estudio del centro M. D. Anderson, los síntomas remitieron un año después de la finalización del tratamiento en la mitad de las pacientes.

La radioterapia se emplea para tratar los tumores cerebrales primarios y metastásicos, así como para la profilaxis frente a posibles enfermedades cerebrales metastásicas derivadas de un cáncer en cualquier parte del organismo. Además de destruir las células cancerosas, la radiación puede dañar el tejido cerebral sano, bien directamente o bien lesionando los pequeños vasos sanguíneos que terminan en la sustancia blanca. Los problemas cognoscitivos y de memoria pueden ser tanto agudos como tardíos, llegando a aparecer meses o incluso años después del tratamiento. Las nuevas técnicas de tratamiento, como la radioterapia estereotáctica, la radioterapia con electrones y el bisturí de rayos gamma, reducen notablemente los efectos adversos, dado que son mucho más precisos y permiten dosificar la radiación en el tiempo.

Además de los tumores cerebrales primarios y de los efectos secundarios de los tratamientos para combatir el cáncer, un tumor puede perjudicar la memoria, la atención y la velocidad de procesamiento aunque se encuentre en cualquier otra parte del organismo. El *síndrome paraneoplásico* es un trastorno neurológico poco frecuente que estimula la respuesta del sistema inmunitario al cáncer por todo el cuerpo. Existen diversas variantes de este síndrome, cada una de ellas con sus síntomas correspondientes.

En el síndrome paraneoplásico, los anticuerpos que combaten el tumor atacan por error las células sanas del sistema nervioso y provocan la aparición de síntomas neurológicos muy llamativos. En muchas ocasiones se produce después de que el cáncer subyacente haya sido detectado y diagnosticado. Los síndromes paraneoplásicos resultan más habituales en pacientes con cáncer de mama, de ovarios, de pulmón o del sistema linfático. Aparte de pérdidas de memoria pueden llegar a causar problemas en la visión, la deglución, la articulación de sonidos y en la marcha, así como debilidad general, convulsiones y otros muchos síntomas físicos.

EL ESTADO DE ÁNIMO, EL ESTRÉS Y LA MEMORIA

Los trastornos psicológicos, como la depresión y el trastorno de estrés postraumático, e incluso un nivel excesivo de estrés, pueden interferir en el correcto funcionamiento de la memoria. Tal y como sucedió con Michael, cuya historia presentamos al principio de este capítulo, la depresión llega a afectar al sueño, y la falta de sueño puede causar transtornos cognitivos. Las investigaciones realizadas hasta el momento indican que una depresión duradera conduce a la pérdida de neuronas en el hipocampo y la amígdala, estructuras muy importantes para la memoria. En un estudio se llegó a demostrar que estas estructuras eran más pequeñas en mujeres con antecedentes de depresión recurrente que en mujeres que no habían sufrido ninguna depresión. El resultado en las pruebas de memoria verbal de las mujeres con antecedentes de depresión fue mucho más bajo.

Al tratar la depresión se consigue, habitualmente en pocos meses, una mejora de la memoria y de las demás funciones cognitivas. El caso de Michael es bastante típico. La combinación de psicoterapia y medicamentos para tratar su depresión y sus alteraciones del sueño consiguió que todos los síntomas remitieran hasta desaparecer al cabo de seis meses, permitiéndole recuperar sus funciones cognitivas por completo.

Los síntomas cognoscitivos de la depresión profunda en las personas de edad avanzada son, en ocasiones, difíciles de distinguir de los de la demencia provocada por enfermedades neurológicas como el Alzheimer. De hecho el término *pseudodemencia depresiva* se acuñó para referirse a esta condición. La depresión igualmente puede aumentar el riesgo de sufrir la enfermedad de Alzheimer. No obstante, la relación entre el Alzheimer y la depresión es compleja, ya que esta última puede ser un síntoma previo a la enfermedad. En un estudio publicado en la revista *Archives of Neurology* (2003) se aseguraba que los antecedentes de depresión eran más comunes en un grupo de 1.953 pacientes con Alzheimer que entre sus familiares sin Alzheimer.

Existen ciertas diferencias clave entre la pérdida de memoria que experimentan las personas con depresión y las pérdidas de memoria de las personas con depresión y Alzheimer. En las personas con depresión, tanto la memoria como el resto de funciones cognitivas fluctúan según los estados de ánimo. Cuando el estado de ánimo mejora (normalmente gracias a la medicación, a la psicoterapia, o las dos), las funciones cognitivas también suelen mejorar. En los pacientes con depresión y Alzheimer, la memoria y las demás funciones cognitivas no mejoran hasta que la depresión no remite.

EL TRASTORNO DE ESTRÉS POSTRAUMÁTICO

Algunas de las personas que sufren un trauma psicológico grave desarrollan el trastorno de estrés postraumático (TEP), una dolencia caracterizada por la intrusión de recuerdos recurrentes del suceso traumático. Estos recuerdos son muy persistentes, e interfieren en los procesos de adquirir nueva información, consolidar recuerdos y recuperar información no relacionada con el trauma. Los niveles altos de estrés constantes estimulan la liberación de la hormona *cortisol*, que puede dañar en última instancia las estructuras cerebrales importantes para la memoria. De hecho, se ha comprobado que los pacientes con TEP presentan cambios estructurales en el hipocampo y posiblemente en otras zonas del sistema límbico.

Los niveles de cortisol mayores de lo normal también afectan a la memoria de las personas que no tienen TEP. Para comprobarlo se realizó un estudio en el que se administraron dosis suplementarias de cortisol a adultos sanos una vez al día durante cuatro días. Se dividió a los participantes en dos grupos. Los miembros de uno de ellos recibieron dosis bajas de cortisol, aproximadamente la cantidad que el organismo libera en situaciones habituales de estrés, como por ejemplo en un atasco de tráfico. A los miembros del otro grupo se les administró una dosis alta de cortisol. Posteriormente, todos los participantes realizaron pruebas en las que tenían que escuchar unos relatos para recordar detalles sobre ellos, inmediatamente y después de media hora. Las personas que habían recibido las dosis altas de cortisol obtuvieron peores resultados en ambas pruebas que las que habían recibido las dosis bajas.

Los problemas de memoria inducidos en este experimento fueron reversibles: una vez que el cortisol desapareció, las funciones cerebrales de los participantes volvieron a la normalidad. De esta forma, los investigadores demostraron que un tratamiento eficaz del TEP en el momento preciso consigue mejorar el funcionamiento de la memoria. No obstante, las alteraciones de la memoria resultan permanentes si se ha producido alguna lesión en el hipocampo o en cualquier otra zona del sistema límbico.

EL ESTRÉS

Es muy complicado memorizar un número de teléfono o recordar una conversación reciente cuando estamos bajo presión o consumidos por la pena. Lo cierto es que todos estamos sometidos a cierto nivel de estrés. Si usted trabaja y cuida de una familia, tendrá que lidiar con fechas límite de entrega, políticas laborales exigentes, además de con los deberes del colegio, los partidos de fútbol, la agenda social de sus hijos, y así sucesivamente. Los problemas financieros son la principal causa de estrés para muchas personas, aunque concurren muchos otros factores, como cuidar de un familiar enfermo, por ejemplo.

Mis pacientes me preguntan con bastante frecuencia si existe un nivel de estrés que se considere excesivo. Mi contestación es que no depende tanto de la cantidad de estrés como de su respuesta al mismo.

Cada uno de nosotros responde al estrés de forma diferente. Algunas personas desarrollan largas jornadas laborales bajo mucha presión y siguen concentradas y tranquilas. Sin embargo, otras se verían superadas por esta misma situación. Es nuestra *reacción al estrés* lo que provoca el daño.

Tal y como mencionamos anteriormente, una respuesta intensa al estrés estimula la liberación de cantidades de cortisol que pueden llegar a interferir con la memoria. Aunque sus efectos a corto plazo son reversibles, no sabemos con certeza si muchos días, semanas, meses o años de actividades estresantes conducen a la aparición de alteraciones permanentes de la memoria.

Es posible controlar los daños del estrés sobre la memoria mediante métodos para modificar nuestra respuesta a las situaciones

Un estrés excesivo puede debilitar nuestra memoria, pero una cantidad modesta de estrés puede en realidad aguzarla. Sentir presión ante una cita inminente puede fortalecer nuestra capacidad de centrar y mantener la atención. A consecuencia de ello, adquiriremos información de una manera más eficaz, que a su vez propiciará la consolidación de la memoria y su recuperación. No sentirse en absoluto apremiado menguará probablemente nuestra atención, lo cual redundará en una asimilación de información menor y en una consolidación ineficaz de la memoria.

estresantes. Algunas personas consiguen superarlo mediante la práctica de actividades físicas intensas, otras, gracias técnicas de meditación o de relajación. Para otras es una cuestión de conocer sus límites (la cantidad de estrés que pueden soportar) y ser capaces de rechazar tareas educada y firmemente. Todos somos distintos. Lo importante es encontrar alguna forma eficaz de controlar el estrés. En el capítulo 9 detallaremos varios métodos comprobados científicamente para reducir el estrés.

Una recomendación: mantenga un mínimo de estrés en su vida. Demasiado poco estrés puede perjudicar la memoria. Por ejemplo, cuando llevamos más de una semana de vacaciones nos cuesta recordar en qué día estamos. La razón es que no necesitamos con urgencia concentrarnos ni recuperar información. Se trata de un estado de ánimo adecuado para las vacaciones, pero imaginemos cómo sería nuestra vida sin ningún tipo de presión durante todo el año. Es posible que el resto de nuestras funciones mentales también «se fueran de vacaciones», y eso nos haría sentir un gran nivel de estrés. Algo de estrés nos pone alerta, hace que centremos nuestra atención y nos prepara para aprender.

LOS MEDICAMENTOS

Si usted nota una disminución en el rendimiento de su memoria tras empezar a tomar un medicamento, es probable que ambos hechos estén relacionados. Muchos fármacos de venta con receta pueden resultar perjudiciales para la memoria, como puede comprobar en la tabla 5.2. Sus efectos suelen manifestarse de forma súbita, normalmente días o semanas después de haber comenzado el tratamiento.

Algunos medicamentos necesitan de una fase inicial de adaptación, durante la cual pueden provocar una amplia variedad de efectos secundarios. Nuestro médico debe ajustar las dosis o el número de tomas para facilitarnos el paso por esta fase. En muchas ocasiones, los efectos secundarios son transitorios y remiten al poco tiempo. Sin embargo, en otros casos los efectos no deseados sobre las funciones cognitivas persisten y hacen necesario un cambio de medicación.

Cualquier fármaco que provoque somnolencia puede perjudicar nuestra memoria, ya que disminuye nuestra capacidad de concentración. Estos medicamentos son los tranquilizantes, los somníferos y varios antihistamínicos. Los fármacos anticolinérgicos, como los empleados en los tratamientos para la enfermedad de Parkinson o para la incontinencia urinaria, bloquean la actividad de la *acetilcolina*, un neurotransmisor fundamental para el funcionamiento de la memoria. Los antidepresivos tricíclicos también presentan importantes efectos secundarios anticolinérgicos. Otros medicamentos que pueden provocar daños en la memoria son los narcóticos analgésicos (como la morfina o la oxicodona), los betabloqueantes para tratar la hipertensión, la cimetidina (Tamaget) para las úlceras, las benzodiacepinas para la ansiedad, la amantadina (Symmetrel) para el Parkinson y varios tipos de quimioterapia.

A medida que envejecemos, nuestra tendencia a sufrir los efectos secundarios de los medicamentos aumenta por tres razones. La primera de ellas es que nuestro metabolismo se lentifica, lo que significa que al organismo le cuesta más descomponer y absorber las medicinas. En segundo lugar, es muy probable que tomemos varios medicamentos simultáneamente y, cuantos más medicamentos se toman, más fácil resulta que haya alguna reacción adversa por una interacción entre ellos. La tercera razón es que los cambios relacionados con la edad que se producen en la masa y en la capacidad de funcionamiento cerebrales disminuyen nuestro umbral de resistencia a los efectos neuroquímicos.

Tabla 5.2. *Medicamentos* que afectan a la memoria

Tipo de medicamento	Nombre genérico	Nombre comercial**
Somníferos	estazolam	ProSom
	flurazepam	Dalmane
	temazepam	Restoril
	triazolam	Halcion
	zaleplón	Sonata
	zolpidem	Ambien
Tranquilizantes/ ansiolíticos	alprazolam	Xanax
	buspirona	BuSpar
	clorazepato	Tranxene
	diazepam	Valium
	lorazepam	Ativan
	meprobamato	Equanil, Miltown
	oxazepam	Serax
Analgésicos	meperidina	Demerol
	tramadol y paracetamol	Ultracet
	tramadol	Ultram
Antihipertensivos	metildopa	Aldomet
	propanolol	Inderal
Medicamentos para la acidez de estómago	cimetidina	Tagamet
Antidepresivos	amoxapina	Asendin
	amitriptilina	
	citalopram	Celexa
	desipramina	Norpramin
	imipramina	Tofranil
	nortriptilina	Pamelor, Aventyl HCI
	paroxetina	Paxil

Tabla 5.2. *Medicamentos* que afectan a la memoria (continuación)

Tipo de medicamento	Nombre genérico	Nombre comercial**
Antiepilépticos	clonazepam	Klonopin
	divalproex sódico	Depakote
	gabapentina	Neurontin
	lamotrigina	Lamictal
	levetiracetam	Keppra
	oxcarbazepina	Trileptal
	fenitoína	Dilantin
	fenobarbital	
	topiramato	Topamax
	zonisamida	Zonegran
Antipsicóticos	clorpromazina	Thorazine
	haloperidol	Haldol
	olanzapina	Zyprexa
	risperidona	Risperdal
	tioridazina	Mellaril
Medicamentos para el Parkinson	amantadina	Symmetrel
	benzotropina	Cogentin
	levodopa	
	levodopa y carbidopa	Sinemet
	pramipexol	Mirapex
	ropinirol	Requip
	selegilina	Eldepryl
	trihexifenidil	Artane
Anticolinérgicos (para el tratamiento de temblores o incontinencia urinaria)	oxibutinina	Ditropan
	tolterodina	Detrol
Medicamentos para las náuseas	dronabinol	Marinol
Medicamentos antimaníacos	litio	Eskalith, Lithobid

* Medicamentos de venta con receta que pueden causar pérdidas de memoria transitorias como efecto secundario.

** Nota del traductor: Nombre comercial en Estados Unidos.

Si usted tiene problemas de memoria y cree que es por culpa de algún medicamento, haga una lista con los nombres de los fármacos que toma con regularidad y repásela con su médico. No deje de tomar una medicina sin el permiso de su médico; de otro modo podría hacerse más daño que bien. Su médico está capacitado para recomendarle que deje de tomar algún medicamento durante un tiempo para comprobar si su memoria mejora. Pueden llegar a pasar varias semanas antes de que los cambios sean perceptibles. Es posible que la medicación que lo afecta negativamente pueda sustituirse por otra que usted tolere mejor.

EL SUEÑO

Las personas que no descansan correctamente durante la noche tienden a ser más olvidadizas que las que duermen plácidamente. Dormir bien por las noches es esencial para la consolidación de la memoria. Aunque la necesidad de descanso varía en cada persona, se suele considerar que el mínimo para asegurar que durante el día mantengamos la atención necesaria para el correcto funcionamiento de nuestra memoria es de seis horas.

Un estudio del año 2000 de la Universidad de Harvard sugiere que dormir mejora la adquisición de habilidades. La habilidad fue, en este caso, una tarea de discriminación visual que implicaba el rápido reconocimiento de cambios sutiles en un patrón visual. Los investigadores comprobaron que los estudiantes que habían dormido al menos seis horas obtuvieron mejores resultados que los que habían dormido menos horas. Los estudiantes que durmieron ocho horas consiguieron los mejores resultados de todos.

Se cree que el sueño beneficia a la memoria permitiendo que el cerebro «repita» la información que ha adquirido recientemente. Los investigadores han conseguido demostrarlo estudiando el cerebro mediante técnicas de diagnóstico por imagen, tanto durante la adquisición de recuerdos como durante la posterior fase de sueño. Los científicos opinan que las rutas neuronales que se activan durante el aprendizaje vuelven a activarse durante el sueño. Así es como se consolidan los recuerdos, ya que la reactivación fortalece las rutas neuronales que contienen las nuevas informaciones.

Al dormir también favorecemos indirectamente el correcto funcionamiento de la memoria, dado que reducimos los niveles de las hormonas producidas por el estrés. Tal y como mencionamos anteriormente, las hormonas del estrés pueden afectar a nuestra memoria al dañar el hipocampo. Su concentración disminuye al cabo de unas pocas horas de sueño. Los especialistas en este campo opinan que esta disminución permite al hipocampo rendir al máximo mientras realiza su labor de consolidar los recuerdos.

El insomnio

Mantenernos despiertos hasta tarde porque así lo queremos es una cosa, pero ¿qué sucede si intentamos dormir y no lo conseguimos? El insomnio puede adoptar varias formas diferentes. El *insomnio de conciliación* es la dificultad para iniciar el sueño; sus causas más comunes son la ansiedad y los pensamientos acelerados. El *insomnio de mantenimiento* se da cuando nos despertamos en medio de la noche y somos incapaces de volvernos a dormir en un plazo razonable. Es un problema habitual en las personas que sufren dolor crónico. Despertarse demasiado pronto por las mañanas suele estar asociado a una depresión. Cualquiera que sea el tipo de insomnio, su efecto global es siempre el mismo: una cantidad de sueño insuficiente, que conduce a la fatiga.

El efecto negativo del insomnio sobre el funcionamiento de la memoria es doble. Un tiempo de sueño más corto impide su adecuada consolidación y disminuye nuestra capacidad de atención, dificultando así que nos concentremos y aprendamos cosas nuevas. La incidencia de todos los tipos de insomnio aumenta con la edad.

La falta de sueño ocasional es muy común y no necesita tratamiento. La noche antes de un acontecimiento importante, la excitación o el miedo (o ambos), pueden mantenernos despiertos. No obstante, si nos sucede con demasiada frecuencia, llega a afectar a nuestro rendimiento durante el día. El insomnio puede ser tanto un síntoma como una consecuencia de la depresión.

El tratamiento del insomnio depende de sus causas subyacentes; entre las posibles se encuentran los cambios de hábitos, el consumo de medicamentos y otros tratamientos médicos. Muchos de los expertos en el campo del sueño recomiendan que lo primero que hay que hacer es revisar la higiene de nuestro sueño, es decir, los hábitos previos a acostarnos y el resto de factores que influyen en la conciliación del sueño y su mantenimiento, como la ingesta de alimentos, alcohol o cafeína, practicar ejercicio físico y demás. Otro factor importante es la regularidad de nuestro sueño. Si una noche nos acostamos tarde, a la noche siguiente nos resultará más complicado dormirnos a la hora habitual, simplemente porque no estamos cansados.

Desafortunadamente, muchos de los medicamentos empleados en el tratamiento del insomnio alteran el normal funcionamiento de la memoria. Yo recomiendo a mis pacientes que eviten el consumo a largo plazo de somníferos y los insto a probar terapias no farmacológicas siempre que sea posible. Las técnicas de meditación y relajación son eficaces para muchos de ellos. En el capítulo 9 trataremos varios métodos para combatir el insomnio.

LA APNEA OBSTRUCTIVA DEL SUEÑO

La *apnea obstructiva del sueño* (AOS) es otro trastorno que reduce la calidad del sueño y provoca la alteración de la función cognitiva durante el día, y se define como interrupciones frecuentes de la respiración causadas por una obstrucción en las vías respiratorias superiores. Las interrupciones respiratorias hacen que el suministro de oxígeno al cerebro se interrumpa de forma transitoria, lo que provoca despertares parciales para restablecer la respiración.

Las personas que sufren una fuerte AOS padecen estas interrupciones cientos de veces cada noche, que fragmentan la actividad eléctrica cerebral y la arquitectura del sueño. La causa más habitual es un cambio en la anatomía de las vías respiratorias, frecuentemente asociado a la ganancia de peso. Sus síntomas son los ronquidos y los jadeos, tan familiares para todos nosotros.

Existen diferentes tratamientos para la AOS. La pérdida de peso puede llegar a eliminar el trastorno. Algunas personas responden bien a tratamientos con inhaladores, que abren las vías respiratorias. Cuando estos tratamientos no resultan eficaces, los médicos suelen recomendar el uso de un dispositivo c-PAP (presión positiva continua en vía aérea) para mantener las vías respiratorias abiertas durante el sueño. Aunque el c-PAP sea indudablemente eficaz para el tratamiento de la AOS, muchos pacientes tienen dificultades para acostumbrarse a la mascarilla que forma parte del dispositivo. Una alternativa de tratamiento cada vez más popular es la cirugía láser de las vías respiratorias superiores, mediante la cual se remodelan los tejidos de las vías respiratorias. Sin embargo, la cirugía ha demostrado ser menos eficaz y mucho más invasiva, por lo que se recomienda que, antes de planificar la operación, se intente usar el c-PAP.

Las personas que han recibido tratamientos adecuados para la AOS describen con frecuencia una sensación de rejuvenecimiento, mejora de sus despertares y aumento de energía, a unos niveles que no creían posibles. Presentan una menor tendencia a sufrir depresión o ansiedad y, aunque sus resultados son muy variados, los estudios indican que el funcionamiento y el rendimiento de la memoria mejoran.

LA DIETA Y LA NUTRICIÓN

Contrariamente a lo que muchos de nosotros hemos leído en Internet, no existe un «alimento cerebral» mágico que mejore nuestra memoria. Lo que sí es cierto es que una dieta desequilibrada es perjudicial para la memoria, y que existen ciertos alimentos sanos y nutritivos que ayudan a prevenir las pérdidas de memoria.

LAS VITAMINAS DEL GRUPO B

Una de las principales conexiones entre la dieta y la memoria está relacionada con varias vitaminas del grupo B: el ácido fólico y las vitaminas B_6 y B_{12}. El organismo no produce por sí mismo estas vitaminas y deben obtenerse por medio de alimentos o suplementos. Los complejos vitamínicos B se encuentran, entre otros, en la levadura de cerveza, el hígado, los cereales, el arroz, los frutos secos, la leche, los huevos, la carne, el pescado, la fruta y las verduras. Las personas que presentan deficiencias en alguna de estas vitaminas tienen un riesgo más alto de padecer problemas de memoria relacionados con la edad o bien demencia. Las cantidades diarias que se recomienda consumir son 400 µg de ácido fólico, entre 1,3 y 1,7 ml de vitamina B_6 y 6 µg de vitamina B_{12}. Es recomendable tomar ciertas precauciones al consumir suplementos de B_6, ya que en cantidades excesivas puede causar neuropatías periféricas (entumecimiento y hormigueos en los dedos de manos y pies).

La vitamina B_{12} ayuda a mantener sanas las neuronas, ya que estimula la producción de mielina, la vaina adiposa que rodea y protege las neuronas, y la preserva. La falta de vitamina B_{12}, más común a medida que envejecemos, causa daños permanentes en las neuronas, que desencadenan pérdidas de memoria, así como lentificación del pensamiento y sensación de fatiga. Fumar y beber alcohol aumentan el riesgo de tener deficiencias de esta vitamina.

Por fortuna, la falta de vitamina B_{12} se detecta fácilmente en los análisis de sangre y puede corregirse mediante inyecciones mensuales de la vitamina. Las inyecciones ayudan a evitar futuras pérdidas de memoria, pero normalmente no se recuperan los datos perdidos. En muchos casos, los suplementos orales de vitamina B_{12} no resultan eficaces, porque la principal causa de estas deficiencias es la mala absorción, la incapacidad para asimilar la vitamina en el proceso digestivo.

- *La homocisteína.* Otra de las complejas relaciones entre las vitaminas B y la pérdida de memoria tiene que ver con la homocisteína, un aminoácido sanguíneo sobre el que últimamente se han realizado muchos estudios.

  Hace algunos años se encontraron pruebas de que los niveles de homocisteína altos representan un factor de riesgo para las cardiopatías, los accidentes cerebrovasculares y las vasculopatías. Después se comprobó que la homocisteína, en concentraciones elevadas, era tóxica para las neuronas y supone un factor de riesgo para desarrollar Alzheimer y otros tipos de demencia. Una de las causas del aumento de los niveles de homocisteína es la falta de ácido fólico y de vitaminas B_6 y B_{12}, las sustancias que habitualmente descomponen la homocisteína sanguínea.

Su médico puede medirle los niveles de homocisteína mediante un análisis de sangre. Es recomendable que se realice esta prueba en todas aquellas personas con probabilidades de sufrir un infarto de miocardio, como por ejemplo quienes tienen antecedentes familiares de enfermedades cardiovasculares. Aún no se ha establecido oficialmente un valor de referencia, pero se estima que lo recomendable son menos de 12 µg/l. En un estudio publicado en la revista *Annals of Neurology* (2003) se calculó que el riesgo de deterioro cognitivo, a lo largo de tres años, en las personas con más de 15 µmol de homocisteína triplicaba el de las personas con niveles más bajos.

Actualmente sabemos que, al consumir las cantidades recomendadas de vitaminas B, en nuestra dieta o mediante suplementos, podemos reducir los niveles de homocisteína. Manteniendo bajos estos niveles nos protegemos frente al declive de la función cognitiva. Lo que aún se desconoce es si, aumentando la cantidad de vitaminas B que consumimos, podremos estabilizar o incluso invertir el deterioro cognitivo.

LAS GRASAS BUENAS Y LAS GRASAS MALAS

Durante un largo período de tiempo, los científicos han creído que todas las grasas eran malas para el cerebro. Pero ahora se sabe que sólo algunas grasas son perjudiciales para la memoria, mientras que otras en realidad son beneficiosas. Nuestro cerebro puede sufrir por la influencia de las grasas saturadas (que se encuentran en la carne y sus derivados) y de las grasas trans (de los alimentos precocinados). Sin embargo, las grasas insaturadas, derivadas de los frutos secos y los aceites vegetales y del pescado, potencian el funcionamiento de nuestro cerebro.

En un artículo aparecido en la revista *Archives of Neurology* (2003) se demostró que las cantidades elevadas de grasas saturadas y grasas trans se asocian a un aumento en el riesgo de padecer la enfermedad de Alzheimer, mientras que las grandes cantidades de grasas insaturadas disminuyen tal riesgo. El estudio se realizó en 815 personas mayores de sesenta y cinco años, con las capacidades cognitivas en buen estado. Cuatro años después, la incidencia del Alzheimer era casi del doble en las personas que habían consumido más grasas saturadas y trans. Por el contrario, las grasas poliinsaturadas y monoinsaturadas demostraron tener efectos beneficiosos, dado que la incidencia de la enfermedad de Alzheimer disminuía en un 70% en las personas que habían consumido una mayor cantidad de ellas.

Durante la misma investigación se concluyó que comer pescado de forma regular contribuía a proteger el funcionamiento de la memoria. Los participantes en el estudio que comieron pescado al menos una vez por semana tuvieron un 60% menos de probabilidades de desarrollar Alzheimer que las personas que no comieron pescado. El pescado contiene un tipo de grasas poliinsaturadas llamadas ácidos grasos omega 3, que se cree mejoran el funcionamiento de los nervios y del corazón.

De todo lo anterior se deduce que las grasas saturadas son perjudiciales para la memoria, en tanto que las grasas insaturadas son beneficiosas. Las grasas saturadas favorecen las cardiopatías, la hipertensión y la hipercolesterolemia, que a su vez propician la aparición de las pérdidas de memoria. Las grasas insaturadas protegen frente a la aparición de todos estos trastornos cardiovasculares. Y sabemos a ciencia cierta que lo que es bueno para el corazón también lo es para el cerebro.

LOS ANTIOXIDANTES

Los antioxidantes (vitaminas C y E y betacaroteno) neutralizan la acción destructiva de las moléculas llamadas *radicales libres*, que nuestro organismo produce en grandes cantidades como residuos de sus funciones normales. Como siempre se ha sospechado que los radicales libres guardaban alguna relación con muchas de las enfermedades y de los trastornos que aparecen con la edad, incluida la demencia, los científicos creían que los antioxidantes podrían proteger frente a la pérdida de memoria. Las investigaciones más recientes indican que es cierto que algunos antioxidantes previenen la pérdida de memoria relacionada con la edad, así como algunos tipos de demencia.

En un amplio estudio publicado en el año 2002 en la revista *Archives of Neurology*, se determinó que sólo la vitamina E ayuda a disminuir la incidencia del declive de la memoria. Este estudio se realizó sobre 2.889 personas mayores de sesenta y cinco años que, en un principio, conservaban un funcionamiento normal de su memoria y sus capacidades cognitivas. Los investigadores recopilaron detallados perfiles dietéticos de todos los participantes, y se les preguntó si consumían algún tipo de suplemento vitamínico. Después evaluaron su función cognitiva mediante pruebas estándar de atención y memoria. Los datos revelaron que las personas que consumieron más vitamina E padecieron un 36% menos de declive cognitivo durante el tiempo que duró el estudio que las personas que consumieron las menores cantidades de vitamina E. La procedencia de las vitaminas no fue relevante para los resultados.

En un estudio anterior se había comprobado que las vitaminas C y E protegen frente a ciertos tipos de demencia, pero no frente al Alzheimer. Según este estudio, realizado en 3.385 estadounidenses de ascendencia japonesa, cuyas edades estaban comprendidas entre los setenta y uno y los noventa y tres años, las personas que consumieron suplementos de vitaminas C y E tuvieron un 88% menos de incidencia de demencia vascular (la provocada por los accidentes cerebrovasculares) que las personas que no tomaron suplementos. El índice de demencia fue menor en los hombres que habían consumido vitaminas durante más tiempo, lo que sugiere que el consumo a largo plazo de estas vitaminas es importante para ayudar a conservar intactas las funciones mentales durante la vejez.

En sus últimas recomendaciones sobre los suplementos de vitamina E, el Instituto de Medicina de la Academia Nacional de Ciencias de Estados Unidos estableció que la cantidad más alta que puede consumirse sin sufrir efectos adversos es de 1.000 UI. No obstante, los investigadores de la Universidad Johns Hopkins comunicaron en noviembre de 2004 que un consumo de suplementos de vitamina E superior a 400 UI por día estaba asociado a un ligero aumento en la tasa de mortalidad. Aunque es un dato digno de consideración, el estudio en cuestión deja muchas preguntas sin responder. Es necesaria una investigación más completa antes de que seamos capaces de determinar con exactitud la cantidad diaria de vitamina E que debemos consumir.

Es recomendable que pregunte a su médico antes de comenzar a tomar ningún tipo de suplemento. La vitamina E puede alterar la formación de plaquetas, impidiendo que el organismo interrumpa las hemorragias de forma natural. Las dosis altas de vitamina E pueden ser peligrosas para las personas que tomen medicamentos que reduzcan la coagulación sanguínea o para las que tengan algún trastorno hemorrágico, como la hemofilia, la trombocitopenia o la enfermedad de Von Willebrand.

EL ALCOHOL

El alcohol, al igual que el estrés, puede ser beneficioso para la memoria en cantidades razonables. Las investigaciones han demostrado que su consumo moderado aparentemente reduce el riesgo de sufrir demencia. En un estudio publicado en la revista *Journal of American Medical Association* en el año 2003, se estableció que las personas mayores de sesenta y cinco años que consumen una copa al día tienen prácticamente la mitad de probabilidades de desarrollar Alzheimer que las que no beben en absoluto. Las personas alcohólicas, por otra parte, tienen un riesgo de un 22% mayor que los no bebedores.

El consumo excesivo de alcohol es perjudicial por dos razones distintas: por sus efectos tóxicos directos sobre las neuronas y porque provoca deficiencias de vitamina B_1 (tiamina). La falta de tia-

UN MITO SOBRE LA MEMORIA: EL ALCOHOL DESTRUYE LA MEMORIA

El alcohol consumido en grandes cantidades es tóxico para el cerebro, pero en pequeñas cantidades resulta beneficioso. En varios estudios recientes, las personas que consumían alcohol con moderación presentaron una menor incidencia de la enfermedad de Alzheimer que las personas que no bebían en absoluto. El mecanismo por el que el alcohol produce efectos beneficiosos no se conoce con exactitud. Una de las hipótesis plantea que el alcohol reduce los factores de riesgo cardiovasculares al alterar los lípidos de la sangre. Otra hipótesis es que el alcohol estimula la liberación de acetilcolina, un neurotransmisor, en el hipocampo.

Todo lo anterior no significa que usted deba empezar a consumir bebidas alcohólicas si nunca lo ha hecho. Se dispone de muchas otras formas de proteger la memoria. Pero, si usted bebe, debe saber que limitando el consumo a una o dos copas al día ayudará a que su cerebro se mantenga sano.

mina puede provocar el *síndrome de Korsakoff*, un trastorno caracterizado por súbitas e importantes pérdidas permanentes de memoria. Aparte del síndrome de Korsakoff, los demás problemas de memoria relacionados con el consumo de alcohol son potencialmente tratables y, en algunos casos, reversibles. Dejar de beber, seguir una dieta equilibrada y tomar suplementos de vitamina B_1, si fuera necesario, son las claves para conseguir que remitan las disfunciones de la memoria relacionadas con el alcohol.

Recomiendo a mis pacientes que limiten su consumo de bebidas alcohólicas. Una o dos copas al día parece ser una cantidad suficiente como para proteger la memoria y mejorar otros aspectos de su salud. En términos de cantidad de alcohol, una copa equivale a 350 ml de cerveza, 150 ml de vino o 50 ml de licor. Esto no quiere decir que los no bebedores deban empezar a beber, pero es una buena noticia para los bebedores esporádicos.

EL EJERCICIO FÍSICO

Mis pacientes suelen extrañarse cuando les pregunto si practican algún ejercicio físico con regularidad. Me preguntan qué relación puede tener con su memoria. Pues mucha, a lo que parece.

Un estudio muy importante llevado a cabo en Estados Unidos entre las décadas de 1980 y 1990, el estudio de la Fundación MacArthur sobre la vejez en Estados Unidos, sirvió para comprobar que las personas sedentarias presentaban un mayor declive de su memoria que las personas que practicaban algún ejercicio físico con regularidad. No es que las personas activas fueran al gimnasio, sino que realizaban un mayor esfuerzo físico durante su quehacer diario. Por ejemplo, salían de paseo casi todos los días o tenían que subir escaleras para llegar a sus casas.

No conocemos con exactitud la forma en que la actividad física influye sobre la actividad cerebral, aunque se barajan unas cuantas posibles explicaciones. La más fascinante es la que afirma que la actividad física hace aumentar la concentración de sustancias químicas beneficiosas para el cerebro. En un análisis de laboratorio realizado en la Fundación MacArthur se comprobó que las ratas más activas tienen niveles más altos de factor de crecimiento nervioso, una sustancia que también se encuentra en el cerebro de las personas, que ayuda a mantener sanas las neuronas y a repararlas luego de alguna lesión. Si el ejercicio físico tiene los mismos efectos beneficiosos sobre nuestro organismo, es posible que sea el mejor método para que nuestras neuronas estén en buena forma.

El ejercicio, asimismo, es beneficioso para la memoria de forma indirecta, dado que mantiene sanos los pulmones y el sistema cardiovascular, permitiendo así que el suministro de oxígeno al cerebro sea constante. Los investigadores de la Fundación MacArthur descubrieron que el buen estado de los pulmones era una de las características de las personas de edad avanzada con mejores funciones cognitivas, incluida la memoria. Del mismo modo, sabemos que practicar ejercicio también reduce el riesgo de padecer hipertensión, hipercolesterolemia y cardiopatías y que, para las personas que las sufren, el ejercicio físico ayuda a mantener estas dolencias controladas. Una vez más, lo que es bueno para el corazón es bueno para el cerebro.

En un estudio realizado en la Universidad de Illinois en el año 2004 se comprobó que las personas con un buen estado de forma física presentaban una mayor activación en regiones del cerebro claves durante la realización de tareas cognitivas, si se las comparaba con personas en peor estado de forma. Los investigadores especularon que la buena salud cardiovascular provoca un aumento en la densidad de las sinapsis y en el riego sanguíneo a las regiones cerebrales activas. Si fuera cierto, todos estos efectos serían beneficiosos para el funcionamiento del cerebro y servirían para mitigar los problemas relacionados con el envejecimiento.

Por lo tanto, si usted no practica ningún ejercicio físico con regularidad, debería hallar alguna forma de mantenerse físicamente activo. Intente dedicar al menos treinta minutos diarios a alguna actividad como pasear, montar en bicicleta o cualquier otra que usted pueda disfrutar. En el capítulo 9 describiremos algunos métodos para conseguir empezar a practicar ejercicio y a encontrar tiempo para convertirlo en un hábito.

LA ESTIMULACIÓN INTELECTUAL

Si alguna vez hubo una razón para apagar la televisión y empezar a leer un libro, es la siguiente: existe una relación directa entre la cantidad de veces que usamos el cerebro y la calidad con la que funciona a medida que envejecemos. Con el paso del tiempo, las personas que más han exigido de su mente mantienen su memoria en mejor estado.

Una de las conclusiones del estudio de la Fundación MacArthur fue que el factor de pronóstico más importante de la capacidad mental en las personas de edad avanzada era el nivel educativo. No se preocupe si usted no tiene un doctorado; la mayoría de los expertos opinan que no son los estudios lo que beneficia a la memoria, sino el hábito de aprender nuevos datos y mantener la curiosidad. Los estudios ayudan en este aspecto porque habitúan a leer con regularidad y a realizar otras actividades que exigen un esfuerzo intelectual.

Creemos que tanto el enriquecimiento intelectual como el aprendizaje fomentan cambios psicológicos y estructurales en el cerebro, que a su vez conducen al aumento de la densidad sináptica y de las interconexiones neuronales. Y, como ya sabemos, las conexiones neuronales son esenciales para la formación de los recuerdos. Es decir, el «cerebro educado» tendrá una mayor cantidad de rutas neuronales y, por lo tanto, una mayor infraestructura anatómica dedicada al aprendizaje y la memoria.

Un cerebro entrenado puede soportar mejor las pérdidas de neuronas relacionadas con la edad que uno escasamente utilizado. Esta resistencia adicional constituye la base del concepto de la reserva cognitiva, que sirve para explicar por qué las personas con un nivel de inteligencia más alto tienen menos probabilidades de padecer demencia que el resto de la gente.

Cuando mis pacientes me preguntan qué pueden hacer para mantener su actividad mental, les aconsejo que identifiquen temas y actividades que atraigan su curiosidad, que los entusiasmen y los insten a aprender. Los viajes, el teatro, los servicios comunitarios, los grupos de lectura, los deportes o las aficiones, la educación para adultos, diseñar una nueva casa, la cocina, aprender a tocar un instrumento musical, la política local, el kárate; puede ser cualquier cosa que a usted le interese.

EL TABACO

Si un fumador y un no fumador hicieran una prueba de memoria, probablemente el no fumador obtendría mejores resultados. Desde hace mucho tiempo se sabe que los fumadores tienen más dificultades para recordar nombres y caras que los no fumadores. Sin embargo, no conocíamos el alcance de las diferencias existentes hasta hace muy poco, cuando un estudio ha demostrado que el declive de la memoria y del resto de funciones cognitivas de los fumadores es mucho más pronunciado que el de los no fumadores.

En un estudio publicado en la revista *Neurology* (2004) se evaluó anualmente la función cognitiva de 9.209 sujetos mayores de sesenta y cinco años. Para efectuarlo, se les hizo completar, a lo largo de varios años, el «miniexamen cognoscitivo», una prueba estándar para evaluar el estado de las funciones cognitivas. Los resultados de la mayoría de los participantes mostraron un ligero empeoramiento, pero en los fumadores fue cinco veces mayor que en los no fumadores. Este declive fue más pronunciado cuanto mayor era la cantidad de tabaco consumida.

La conexión entre el tabaco y la memoria también se ha estudiado en una investigación con personas de mediana edad. En un estudio realizado en el Reino Unido en el año 2003 se encontró una relación directa entre el tabaco y un rendimiento inferior de la memoria verbal en personas de entre cuarenta y tres y cincuenta y tres años.

El tabaco influye negativamente sobre la función cognitiva de varias formas distintas, relacionadas principalmente con su condición de factor de riesgo para las enfermedades cerebrovasculares. El tabaco daña los pulmones, y los pulmones son muy importantes para que la memoria funcione correctamente durante la vejez. Fumar, asimismo, estrecha los vasos sanguíneos, evitando así que el cerebro reciba el oxígeno necesario para nutrir y mantener las neuronas. La alimentación también es un factor que influye en la relación entre el tabaco y las pérdidas de memoria. Los fumadores suelen consumir menores cantidades de antioxidantes y mayores de colesterol y triglicéridos. Una buena noticia sobre el tabaco es que hay indicios de que dejar de fumar es beneficioso para el cerebro. En el estudio del año 2004 antes citado, quienes dejaron de fumar presentaron un declive cognitivo menor que quienes seguían haciéndolo.

EL CONSUMO DE DROGAS ILEGALES

La marihuana, el éxtasis y otras drogas ilegales pueden ser perjudiciales para la memoria y las funciones cerebrales relacionadas. Sus efectos no son evidentes únicamente mientras se están consumiendo, sino que pueden perdurar semanas o incluso meses.

El principio activo de la marihuana, el delta a-nueve-tetrahidrocannabinol, produce efectos psicoactivos al unirse a los receptores de cannabinoides del cerebro. Los receptores de cannabinoides abundan en el hipocampo, la amígdala y la corteza cerebral, regiones cruciales para la formación de los recuerdos. La gente que fuma marihuana con mucha frecuencia durante un largo período de tiempo obtiene peores resultados que los no fumadores en las pruebas de atención, memoria a corto plazo y aprendizaje. Gracias a un estudio publicado en la revista *Neurology* (2002) se comprobó que las deficiencias cognitivas de los fumadores de marihuana duraban hasta un mes después de que hubieran dejado de fumar. No conocemos con exactitud en qué grado los problemas de memoria relacionados con el consumo de marihuana son reversibles.

Los consumidores habituales de éxtasis, o 3,4-metilenedioximetanfetamina (MDMA), tienen problemas para formar y para recuperar recuerdos a largo plazo. Según una encuesta realizada a 763 personas y publicada en la revista *Journal of Psychopharmacology* (2004), los consumidores de éxtasis tienen un 23% más de dificultades para recuperar recuerdos a largo plazo que los no consumidores. Es evidente que el éxtasis es perjudicial para la memoria, dado que reduce los niveles de serotonina y dopamina, dos neurotransmisores muy importantes para la memoria.

Las personas que consumen cocaína tienen dificultades con diferentes aspectos de la memoria. En un estudio llevado a cabo en la Universidad de California, los consumidores de cocaína obtuvieron peores resultados en las pruebas de memoria de trabajo y de recuperación de recuerdos a largo plazo. En otro estudio se comprobó que los problemas con la memoria verbal que sufren los cocainómanos duraban hasta cuarenta y cinco días después de haber interrumpido el consumo.

Aún no sabemos cuánto tardan en desaparecer los efectos perjudiciales de distintas drogas ilegales sobre el cerebro. Sin embargo, es seguro que dejar su consumo no perjudica de ningún modo e incluso puede llegar a permitir recuperar la memoria perdida.

El aluminio y la enfermedad de Alzheimer

Es posible que usted haya oído que la exposición al aluminio puede llegar a causar la enfermedad de Alzheimer. Los científicos han estudiado esta relación durante muchos años, desde que se descubrió que el aluminio se acumulaba en el tejido anómalo que presentan los cerebros de las personas con Alzheimer. Sin embargo, está siendo difícil encontrar la prueba definitiva, ya que los estudios realizados hasta el momento han proporcionado resultados contradictorios.

Podemos estar expuestos al aluminio al beber agua, al comer alimentos cocinados en utensilios de aluminio y, posiblemente, al beber refrescos contenidos en latas de aluminio. Algunos antitranspirantes contienen aluminio, que podría ser absorbido a través de la piel. Pero este tipo de exposiciones ambientales suelen ser insignificantes. Aunque los expertos continúan estudiando la conexión entre el aluminio y el Alzheimer, muchos de ellos opinan que el aluminio no es un factor de riesgo importante para el desarrollo de la enfermedad.

LA EXPOSICIÓN A SUSTANCIAS TÓXICAS

Los síntomas más habituales de la exposición a sustancias tóxicas, entre las que se incluyen el plomo, el mercurio, el petróleo y algunos disolventes, son las pérdidas de memoria y la dificultad para concentrarse. La intoxicación por plomo puede producirse por la inhalación del polvo de plomo procedente de pintura deteriorada o de agua corriente contaminada. Algunas de las pinturas, tintes y tintas que se emplean en el dibujo artístico, contienen mercurio y, además, sus disolventes son neurotóxicos y pueden dañar la memoria. Las sustancias neurotóxicas también están presentes en los pesticidas de uso industrial y de uso doméstico, en los productos empleados para el revelado fotográfico y en los que se utilizan para trabajar la madera y los metales. Es posible reducir la exposición a las sustancias químicas tóxicas tomando las siguientes precauciones:

- *La pintura doméstica con plomo.* Si usted vive en una casa construida antes de 1978, puede que la pintura contenga plomo. No es necesario quitar la pintura si está en buenas condiciones. Si no lo está, no intente quitarla usted mismo, porque podría generar polvo de plomo tóxico. Contacte con un especialista para que le recomiende la mejor opción posible.

- *El agua contaminada.* Si su agua procede del sistema de suministro público, obtenga una copia del informe anual sobre la calidad de ésta, para comprobar si los niveles de cualquier sustancia tóxica exceden las recomendaciones oficiales. De todos modos, tenga en cuenta que la mayor parte de las sustancias tóxicas del agua corriente proceden de las tuberías domésticas. Consulte a un especialista si desea medir la cantidad de plomo o cualquier otra sustancia que haya en el agua de su domicilio. En el mercado tiene disponibles varios tipos de filtro que sirven para eliminar el plomo y los demás productos tóxicos.

- *El material artístico y los productos químicos de uso doméstico.* Cuando utilice pinturas y otros materiales similares, asegúrese de hacerlo en un lugar bien ventilado. Siga las instrucciones de seguridad que aparecen en la etiqueta de pesticidas, disolventes y otros productos químicos de uso doméstico. Lleve una mascarilla durante su manipulación.

- *El monóxido de carbono.* Evite la exposición al monóxido de carbono mediante inspecciones regulares del sistema de calefacción de su hogar y el sistema de escape de su automóvil.

¿AUTOAYUDA O AYUDA PROFESIONAL?

No es una coincidencia que éste sea uno de los capítulos más largos del libro, ya que son numerosas las posibles causas de las pérdidas de memoria. Es posible que usted detecte y remedie alguno de estos problemas por sí mismo siguiendo mis recomendaciones (ejercitar la mente, seguir una dieta equilibrada y realizar alguna actividad física) según figura en los capítulos 9 y 10. Pero muchas de las causas de los problemas de memoria son las propias enfermedades (o los tratamientos de las enfermedades), para las cuales resulta necesaria la atención médica profesional. En el próximo capítulo le explicaremos cuándo debe acudir a su médico.

Capítulo 6

Cuándo acudir al médico

En julio del año 2002, David, un exitoso ejecutivo de cincuenta y cinco años, viajó de Los Ángeles a Boston para acudir a mi consulta. David era un hombre alto e imponente y, por su forma de comportarse, se notaba que estaba acostumbrado a controlar todo lo que sucedía a su alrededor. Era una persona de trato amable, con un sentido del humor un tanto irónico que le permitía disimular en parte la ansiedad que le producía contarme su historia.

LOS PROBLEMAS DE MEMORIA DE DAVID

David estaba preocupado porque creía que «lo estaba perdiendo». Con *lo* se refería a su capacidad para asimilar, integrar y analizar los cientos de datos que cada día llegaban a su oficina en forma de llamadas de teléfono, correos electrónicos, faxes y demás. Me contó que su memoria antes era casi «fotográfica» y que sentía como si se hubiera convertido en una «acuarela borrosa», cuyos detalles, que antes veía con nitidez, fueran imperceptibles. Para ilustrar su problema, me describió una visita reciente a los ensayos de un programa de televisión que su empresa estaba produciendo. Como de costumbre, tomó nota mental de diez asuntos que requerían de su atención personal. Pero, cuando llegó a su oficina un cuarto de hora después, no fue capaz de recordar más que la mitad de éstos.

Le pregunté si alguno de sus socios o los miembros de su familia había mencionado tener algún problema parecido al suyo. Me aseguró que no.

Cuando le pedí que me dijera si había experimentado algún otro cambio en su forma de ser, respondió que se había vuelto algo irritable e impaciente. Me comentó que unos días atrás había gritado a su hija de once años por haber derramado sin querer un vaso de leche sobre la mesa. También confesó haber engordado cinco kilos durante los últimos seis meses (debido, en parte, a sus desayunos a base de donuts) y tener dificultades para conciliar el sueño. Cada vez practicaba menos ejercicio físico y pasaba más tiempo en la oficina.

En cuanto al consumo de bebidas alcohólicas, reconoció a regañadientes que últimamente bebía algo más de lo normal. Bebía durante las comidas de negocios y había aumentado su copa de por las tardes a «dos o tres». Entonces le pregunté sobre su estado de ánimo y su actitud respecto a su vida. Me confesó que las cosas de las que más solía disfrutar, como la ópera, la fotografía y el tenis, habían «perdido algo de su esplendor».

EL HISTORIAL MÉDICO DE DAVID

Al revisar su historial médico descubrí que David tenía hipertensión e hipercolesterolemia. Aunque estaba tomando medicamentos para combatir ambas afecciones, el tratamiento no estaba resultando eficaz. Cinco meses atrás había ido al servicio de urgencias de un hospital con un dolor torácico que resultó ser benigno. En un reconocimiento médico reciente, ni los análisis de sangre ni las radiografías torácicas mostraron ninguna anomalía. Su médico de cabecera había solicitado que se le hiciera una resonancia magnética del cerebro, en la que tampoco se encontraron signos de trastorno alguno.

David tenía antecedentes familiares de enfermedades cardiovasculares. Su padre murió por un accidente cerebrovascular a los sesenta y seis años, y su madre sufría una grave dolencia cardíaca que le había provocado varios infartos de miocardio. Su hermano

**UN MITO SOBRE LA MEMORIA:
«MI MADRE TUVO ALZHEIMER, ASÍ QUE YO TAMBIÉN VOY
A PADECER ALZHEIMER»**

Si usted tiene un familiar de primer o de segundo grado (hermano o hermana, padre o madre, tío o tía, abuelo o abuela) con la enfermedad de Alzheimer, no significa que usted esté destinado a padecer la misma enfermedad. Sólo la variedad menos frecuente del Alzheimer, el hereditario de aparición temprana, se transmite inequívocamente por vía genética. Incluso si su madre o algún otro familiar cercano padecen Alzheimer hereditario de aparición temprana, su riesgo no será mayor que el de alguien sin antecedentes familiares de la enfermedad, a menos que usted porte la mutación genética que desencadena la enfermedad de Alzheimer.

mayor había sido sometido poco tiempo atrás a una cirugía de derivación cardíaca cuádruple. Cuando le pregunté si alguno de sus familiares había tenido problemas neurológicos, David recordó que su abuela, en sus últimos años, había estado «senil» y era incapaz de recordar los nombres de sus familiares o de cuidar de sí misma. Repentinamente, David dijo: «Eso es, puede que lo que me está pasando a mí sea lo mismo que le pasó a ella».

EL RECONOCIMIENTO MÉDICO DE DAVID

Las pruebas de la función cognitiva que se le practicaron mostraron que David tenía leves dificultades para realizar tareas en las que era necesario mantener la atención y la concentración. Aunque esta dificultad limitaba la cantidad de información que era capaz de procesar de forma simultánea, su capacidad para recordar aquella información que había conseguido asimilar era normal. De hecho, sus resultados en muchas de las pruebas fueron excelentes.

Mi impresión fue que los problemas de David con su memoria dependían de varios factores que podían ser identificados y tratados. Cuando nos encontramos de nuevo para una revisión, le aseguré que no creía que estuviera siguiendo los pasos de su abuela.

Su respuesta fue la misma expresión de alivio que aparece en la cara de todos los pacientes cuando se comprueba que sus peores temores no van a hacerse realidad. Aproveché la situación para introducir el tema de los cambios necesarios en su vida para recuperar las habilidades que había comenzado a perder.

EL TRATAMIENTO PARA MEJORAR LA MEMORIA DE DAVID

Aconsejé a David que adoptara un estilo de vida que hiciese hincapié en el ejercicio mental. Hablamos sobre sus factores de riesgo de padecer alguna enfermedad cerebrovascular y lo que podía hacer para reducirlos. Debía seguir una dieta equilibrada (sana para su corazón) y vigilar de más cerca sus niveles de colesterol y su presión arterial. Para empezar, derivé a David a un nutricionista que trabaja con nuestro equipo, y le recomendé que leyera el excelente libro *Eat, Drink and Be Healthy* (2001), escrito por el doctor Walter Willet. También lo animé a que vigilara su presión arterial con ayuda de un dispositivo a tal efecto, de venta en farmacias.

A continuación repasamos juntos los efectos del estrés excesivo y permanente sobre la salud cardiovascular, el bienestar emocional y las funciones cerebrales. Subrayé la importancia de que hubiera renunciado a muchas de las actividades que le daban la oportunidad de pasar un buen rato y liberarse del estrés. David comprendió que el tiempo que pasaba *lejos* de su trabajo podía hacer que, paradójicamente, consiguiera tener un mayor rendimiento laboral. Me prometió que reanudaría sus antiguas costumbres, incluido el partido de tenis que solía jugar cada semana con su hijo mayor. Sin que yo tuviera que mencionarlo, señaló su intención de reducir el consumo de alcohol, renunciando a su reciente hábito de beber en las comidas de negocios.

Asimismo, hablamos sobre estrategias cognitivas prácticas, como tomar notas o utilizar una PDA para registrar información y poder recuperarla en el futuro.

Yo sospechaba que, si David seguía todos estos pasos, su memoria, su sueño y su estado de ánimo mejorarían. Si no fuera así, podríamos concertar futuras visitas para comprobar si existía algún trastorno del sueño subyacente o si su mal humor se debía a una depresión.

Acordamos que podía llamarme si fuera necesario y que vendría a mi consulta seis meses después para que evaluara sus progresos.

SEIS MESES DESPUÉS: UNA MEMORIA MEJOR

Cuando David volvió a visitarme ya era invierno en Boston y la nieve cubría el suelo. Estaba bronceado y relajado (el color de su piel sin duda se debía a que vivía en California), y había adelgazado notablemente. Estuvimos un rato hablando del nuevo programa de televisión en el que estaba trabajando y me quedó muy claro que disfrutaba mucho más de su trabajo que cuando lo conocí.

David había seguido al pie de la letra las recomendaciones que acordamos y estaba funcionando. Había reanudado los partidos de tenis con su hijo y aunque había perdido «dieciocho veces seguidas», deseaba más que nunca que llegara el momento del partido para poder «pasar el rato y ponerse al día». Su presión arterial había bajado tanto que era muy probable que tuviera que dejar de tomar alguno de los fármacos antihipertensores que le habían prescrito. Tenía el colesterol por debajo de 200 y esperaba seguir mejorando. Estaba usando una grabadora de bolsillo para tomar nota de sus ideas y comentarios.

Cuando habló de sus problemas de memoria, me dijo que, desde la última consulta, había tenido la oportunidad de compararse a sí mismo con sus compañeros, y se había dado cuenta de que cumplía en su trabajo tan bien o mejor que ellos. Le apliqué una batería de pruebas para comprobar su función cognitiva y descubrí que había mejorado de forma significativa en las áreas que antes eran levemente anormales.

En muchos aspectos, David fue un paciente ideal. Era intuitivo, inteligente y estaba motivado. Se tomó mis consejos muy en serio y de forma positiva. Pero, por encima de todo, tenía iniciativa: estaba preocupado por su memoria y había buscado ayuda.

¿Necesita una evaluación de su memoria?

Si usted está tan preocupado por su memoria como para creer
que hay algo que no funciona bien, debería visitar un médico. El
primer paso es acudir a su médico de cabecera, porque él conoce su
historial clínico y, por lo tanto, está en una posición ventajosa en
el momento de hacerse una idea de su estado de salud y de considerar las enfermedades y los trastornos psicológicos más comunes
que pueden provocar problemas de memoria.

No espere que, cuando salga de la consulta de su médico de cabecera, ya disponga de un diagnóstico. No existe ninguna prueba
que pueda precisar con exactitud las causas de las pérdidas de memoria. Lo más habitual es que su médico tenga que hacer ciertas
averiguaciones preliminares: preguntarle sobre sus síntomas, hacerle un reconocimiento médico, comprobar qué medicamentos
está tomando y hacerle algunas pruebas para determinar si padece
alguna de las dolencias que pueden causar pérdidas de memoria.
Los conocimientos, el interés, la experiencia y la disponibilidad de
tiempo con los que cuenta un médico de cabecera para poder diagnosticar correctamente un problema de memoria varían en cada
caso. No todos ellos se sienten capacitados para hacer una evaluación completa de los problemas cognitivos.

Si su médico le dice «Usted no tiene la enfermedad de Alzheimer, así que no se preocupe, son sólo cosas de la edad», pero usted
sigue creyendo que tiene algún problema de memoria, no vacile en
comentarlo. Algunos médicos de atención primaria tienen tendencia a obviar las quejas sobre sutiles alteraciones de la memoria
en aquellos pacientes que, por todo lo demás, están sanos. En numerosas ocasiones, la razón es que disponen únicamente de conocimientos sobre un par de categorías en las que clasificar los estados de la memoria (es decir, o el paciente tiene Alzheimer o no hay
nada malo). Aunque la enfermedad de Alzheimer es la responsable
de la mayor parte de las demencias degenerativas en las personas de
edad avanzada, existen otras muchas enfermedades o trastornos que
pueden provocar demencia, como vimos en el capítulo 5. Por esa
misma razón, aunque los trastornos de la memoria sean la queja
sobre el funcionamiento del cerebro que más a menudo plantean

los pacientes, los trastornos cerebrales pueden causar otros muchos síntomas.

Es posible que algunos médicos de cabecera ni siquiera hagan las preguntas que conducirían al diagnóstico de las causas menos obvias de las pérdidas de memoria, como la depresión o las alteraciones del sueño. En honor a la verdad, muchos de ellos sí disponen de los conocimientos para hacer un diagnóstico y se toman el tiempo necesario para conseguirlo. Otros simplemente conocen sus limitaciones y derivan a sus pacientes a los especialistas oportunos.

Asimismo, debemos tener en cuenta el hecho de que la mayor parte de las personas que solicitan una evaluación de su memoria padecen una afección tratable. Las personas que sufren la enfermedad de Alzheimer acuden a las consultas por recomendación de sus familiares o de otro médico.

EN LA CONSULTA MÉDICA

Su médico necesitará repasar su historial clínico, realizar un reconocimiento y hacerle varias pruebas para determinar si sus problemas de memoria son de naturaleza benigna o son debidos a una patología subyacente.

TEMAS PARA TRATAR CON SU MÉDICO

Con toda probabilidad, su médico empezará la consulta preguntándole por sus problemas de memoria recientes para poder definir los parámetros de sus síntomas. A continuación citamos las preguntas más habituales:

- ¿Desde hace cuánto tiempo tiene problemas de memoria?
- ¿El problema surgió de forma repentina, o gradualmente?
- ¿Ha notado usted algún cambio, a mejor o a peor, o sigue más o menos igual?
- ¿Qué tipo de datos le cuesta más recordar?

- ¿El problema interfiere en sus quehaceres diarios, como leer, cocinar o trabajar?
- ¿Alguna otra persona aparte de usted (sus familiares, sus amigos o sus compañeros de trabajo) ha comentado algo sobre su problema de memoria?
- ¿Está tomando algún medicamento?
- ¿Tiene algún otro problema de salud actualmente?
- ¿Qué otras dolencias ha sufrido usted en su pasado?
- ¿Tiene antecedentes familiares de enfermedades que puedan afectar a la memoria, como hipertensión, hipercolesterolemia, cardiopatías, Alzheimer u otros trastornos neurológicos?
- ¿Se siente deprimido o estresado?

Las respuestas a estas preguntas indicarán si los síntomas que usted padece encajan con alguno de los trastornos de memoria más habituales, como la enfermedad de Alzheimer o la disfunción cognoscitiva leve, una afección menos grave que el Alzheimer que puede ser precursora de éste. Los síntomas que distinguen las pérdidas de memoria relacionadas con la edad de las producidas por causa de la disfunción cognoscitiva leve se detallan en la tabla 6.1.

Los problemas de memoria relacionados con el Alzheimer suelen aparecer de forma gradual y su progreso generalmente es lento. Un declive muy pronunciado y repentino de la memoria sugiere la existencia de otras causas, como por ejemplo un problema neurológico agudo o un medicamento que se ha empezado a tomar.

Su médico necesitará saber si usted está tomando algún fármaco que pudiera afectar a su memoria. Si es el caso, y usted ha comenzado a tomarlo justo antes de notar los cambios en su memoria, es de suponer que el diagnóstico inicial se centre en dicho medicamento. Dependiendo del tipo de fármaco que sea, el médico podrá recomendarle dejar de consumirlo o probar con otra alternativa para ver si su memoria mejora.

Sin embargo, incluso aunque la medicación sea la culpable más probable, su médico deberá hacerle un reconocimiento completo para descartar la existencia de otro factor, médico o psicológico, que pudiera contribuir a sus problemas de memoria.

Tabla 6.1. *Síntomas de las pérdidas de memoria relacionadas con la edad, la disfunción cognoscitiva leve y la enfermedad de Alzheimer*

Síntomas	Pérdidas de memoria normales relacionadas con la edad	Disfunción cognoscitiva leve (de tipo amnésico)	Demencia
Dificultad para recordar nombres, citas y otros datos de la vida diaria	Ocasionales	Frecuentes	En la mayor parte de las ocasiones
Problemas de memoria y de concentración detectables con pruebas estandarizadas	Ninguno; los resultados de las pruebas son los propios de las personas de su edad	Deterioro de leve a moderado respecto a personas de su misma edad	Deterioro de moderado a grave respecto a personas de su misma edad
Problemas con funciones cognitivas diferentes de la memoria (la capacidad para crear y ejecutar planes, para resolver problemas y emitir juicios...)	Raramente; los problemas son sutiles, si llegan a existir, y no tienen ningún impacto sobre la vida diaria	Deficiencias muy poco frecuentes o leves con un ocasional impacto mínimo sobre la actividad diaria	Deterioro de moderado a grave con un impacto evidente sobre las funciones y actividades diarias
Dificultad para realizar actividades de la vida diaria (vestirse, lavarse los dientes...)	Ninguno	Ninguno	Problemas de moderados a graves en aspectos del cuidado personal
Grandes dificultades para realizar tareas domésticas o manualidades	Ninguno	Dificultades ocasionales para realizar tareas complejas	Deterioro de moderado a grave

El reconocimiento físico

Dada la existencia de multitud de alteraciones físicas y psicológicas que pueden afectar al funcionamiento de la memoria, su médico deberá repasar su historial clínico personal. Y como muchos de los trastornos son hereditarios, también tendrá que hacerle algunas preguntas sobre el historial médico de sus familiares.

En cuanto al reconocimiento físico, los pasos más habituales son:

- Medir las constantes vitales (temperatura, presión arterial y pulso).
- Examinar la cabeza, el cuello, los oídos, los ojos, la nariz y la garganta.
- Palpar los nódulos linfáticos del cuello.
- Auscultar el corazón y los pulmones.
- Hacer un análisis de sangre para comprobar si hay disfunción tiroidea, enfermedad renal, diabetes, anemia, infección, cáncer, déficit vitamínico o hipercolesterolemia.
- Analizar la orina en busca de signos de problemas renales o tiroideos.
- Realizar una radiografía torácica para descartar enfermedades pulmonares.
- Hacer una evaluación neurológica básica, comprobando el funcionamiento de los nervios craneales, los reflejos, la coordinación, la marcha y las capacidades sensitivomotoras.
- Realizar un tacto rectal (en hombres).
- Realizar una exploración mamaria (en mujeres).

Su médico de cabecera también tendrá que comprobar su salud psicológica. Debería preguntarle a usted si se encuentra sometido a demasiado estrés o si está bajo de ánimo. Si su médico no le pregunta por estos trastornos y usted cree que padece alguno de ellos, dígaselo. Tanto el estrés como la depresión pueden causar problemas de memoria, y además son tratables.

Dependiendo de los datos que obtenga del reconocimiento físico y de la narración de sus síntomas, su médico le pedirá que pase por alguna otra prueba o lo derivará a la consulta de un especialista.

LA EVALUACIÓN NEUROPSICOLÓGICA

Cuando mencionamos las pruebas para evaluar el funcionamiento de la memoria, lo más probable es que pensemos en aquellas que forman parte de la evaluación neuropsicológica. La evaluación neuropsicológica está compuesta por una serie de pruebas sobre las habilidades mentales que permiten comprobar el estado general de las funciones cognitivas. Los neuropsicólogos son psicólogos especializados en los trastornos cerebrales. En algunas ocasiones, los neuropsicólogos solicitan la ayuda de un técnico para realizar estas pruebas.

La evaluación neuropsicológica comienza con un detenido repaso de los síntomas que presenta el paciente y de su historial médico. El proceso suele estar compuesto por una combinación de preguntas orales y test en papel. Los resultados se analizan posteriormente con medios informáticos. Aunque el objetivo principal de la evaluación es comprobar el funcionamiento de la memoria, también permite explorar aspectos de la atención, el lenguaje, el procesamiento visoespacial, el razonamiento, la capacidad para solucionar problemas y la modulación general de pensamientos y respuestas. La fase de comprobación podrá incluir pruebas o cuestionarios adicionales para profundizar en el estado de ánimo del paciente o para encontrar otros síntomas. Aunque no todos los neuropsicólogos utilizan los mismos formularios, intentan evaluar idéntico espectro de funciones cognitivas. Algunos neuropsicólogos trabajan de forma independiente, mientras que otros lo hacen en centros hospitalarios.

El propósito de todas estas pruebas es determinar si la memoria y las demás funciones cognitivas del paciente se encuentran dentro de los límites normales o si, por el contrario, los resultados indican la presencia de trastornos como la depresión, la disfunción cognoscitiva leve o la enfermedad de Alzheimer. Es conveniente subrayar que lo que es normal para una persona no tiene por qué serlo para otra. Los neuropsicólogos deben interpretar y analizar los resultados considerando unas cuantas variables que influyen en la memoria y en las capacidades cognitivas, como la edad, la inteligencia base y el nivel de educación. La distinción entre lo que es normal y lo que no lo es difiere si la persona tiene un coeficiente intelectual y un nivel educativo altos o si tiene un coeficiente bajo y pocos años de estudio.

En una investigación realizada en la Facultad de Medicina de Harvard, publicada en el año 2004, se estudió el efecto del coeficiente de inteligencia sobre la interpretación de los resultados de las pruebas de memoria. El estudio se llevó a cabo en personas de edad avanzada con altos coeficientes. Los investigadores descubrieron que lo más adecuado para predecir la aparición de futuros trastornos era ajustar los resultados según el coeficiente intelectual, sin tener en cuenta los valores predeterminados. Esta conclusión indica que lo «normal» para una persona con coeficiente intelectual bajo es, en realidad, algo por debajo de lo normal para alguien con un coeficiente alto. Sin embargo, existe cierta controversia entre los neuropsicólogos respecto al uso de los coeficientes intelectuales para interpretar los resultados de estas pruebas. La suposición de que la inteligencia está estrechamente relacionada con otros aspectos de la función cognitiva, como la memoria, no es aceptada universalmente.

A continuación detallamos las funciones cognitivas que se estudian en una evaluación neuropsicológica:

- *La atención*. Hay una gran variedad de pruebas para calibrar el grado de atención. Por ejemplo, en la prueba de retención de dígitos se ha de escuchar y repetir una cantidad creciente de números. Las pruebas sobre la capacidad para mantener la atención implican períodos de tiempo más extensos. Otra prueba se realiza mirando una pantalla de ordenador en la que aparecen brevemente unas series aleatorias de letras, y hay que pulsar una tecla cuando aparece una letra concreta (la *A*, por ejemplo). Esta prueba se puede hacer más compleja si se desea, haciendo que, por ejemplo, el paciente deba pulsar la tecla sólo cuando la *Y* aparece después de la *A*.

- *La memoria*. En la prueba para evaluar la memoria más habitual se pide al paciente que lea o escuche una determinada información, para intentar recordarla inmediatamente después y al cabo de veinte o treinta minutos. La información puede

PRUEBAS PARA EVALUAR LA MEMORIA EN INTERNET

Si busca «test de memoria» o «test para el Alzheimer» en Internet, encontrará numerosas páginas web que proporcionan cuestionarios autogestionados para evaluar el funcionamiento de la memoria. Es posible que usted se pregunte si estos cuestionarios son válidos o si merece la pena hacerlos. Mi respuesta es: depende.

Las páginas web más fiables son aquellas que están basadas en la información y que proporcionan cuestionarios estructurados que evalúan los síntomas más destacados de los trastornos de la memoria. No pretenden facilitar un «diagnóstico electrónico», sino que alientan al usuario a buscar la evaluación y la atención médica oportunas. Muchas de estas páginas web están patrocinadas por expertos en el campo de la memoria en asociación con hospitales universitarios, por lo que se podría considerar que ofrecen un servicio público, de la misma forma que los organismos oficiales proporcionan cualquier tipo de información sobre enfermedades sin coste alguno.

Las empresas farmacéuticas patrocinan otro tipo de páginas web cuyo objetivo principal es dirigir a los usuarios a la compra de un determinado medicamento. El interés de las empresas farmacéuticas por enfocar sus estrategias publicitarias directamente hacia el paciente es cada vez mayor. Aunque facilitar información sobre las enfermedades siempre sea un hecho positivo, es conveniente considerar las motivaciones de quien la facilita en el momento de evaluar su objetividad.

Además, existe otro tipo de páginas web en las que se facilitan pruebas para evaluar la memoria: las patrocinadas por las compañías de seguros médicos. Junto con los dispositivos para medir la glucosa en sangre para los enfermos de diabetes, los test de embarazo y los monitores de la presión arterial de bajo coste, las compañías de seguros intentan proporcionar a sus clientes las herramientas necesarias para que puedan realizar pruebas médicas en su propio hogar. Normalmente, para acceder a las pruebas en pantalla o a los cuestionarios interactivos, el usuario debe abonar un determinado importe. Al acabar las pruebas se ofrece un comentario sobre sus resultados o sobre las probabilidades de que el usuario sufra algún trastorno de la memoria. Algunas de estas páginas ofrecen servicios de suscripción, lo que permite volver a realizar las pruebas en el futuro. Sin embargo, la fiabilidad de las pruebas propuestas en estas páginas no ha sido comprobada científicamente.

Es obvio que es irresponsable tratar de diagnosticar un problema tan complejo como las disfunciones de la memoria por «control remoto». Completar alguna de las pruebas para evaluar la memoria disponibles en Internet por diversión no causa daño alguno, igual que resolver los pasatiempos de una revista. Sin embargo, si usted está preocupado por el estado de su memoria o por el de algún miembro de su familia, debe buscar ayuda profesional.

estar compuesta por palabras sueltas o por una breve historia. En otras pruebas de memoria se utiliza información visual: el paciente estudia una imagen, y después tiene que intentar reproducirla de memoria. El neuropsicólogo también puede examinar la memoria a largo plazo planteando al paciente preguntas sobre su pasado o sobre algún tema que sepa que su paciente debe conocer.

• *Las funciones ejecutivas.* Las funciones ejecutivas son las operaciones cognitivas más complejas, como el razonamiento, la resolución de problemas o la capacidad de planificación. Las funciones ejecutivas necesitan de la implicación general del pensamiento y del comportamiento e incluyen la capacidad para iniciar una respuesta conductual, para inhibir las respuestas inadecuadas o incorrectas y para flexibilizar el alcance de la respuesta según las circunstancias. Junto con la memoria y la capacidad para recordar nombres, las funciones ejecutivas son las primeras áreas en verse afectadas por la enfermedad de Alzheimer.

Una prueba que permite evaluar el estado de las funciones ejecutivas es el llamado *trail-making test* (test del trazo). En la primera parte de esta prueba, relativamente sencilla, hay que ordenar una serie de círculos con números en su interior. En la segunda parte, los círculos tienen en su interior números y letras. Hay que ordenarlos alternando los números y las letras (el 1 con la A, el 2 con la B…). El resultado se obtiene tanto de la precisión como del tiempo que se ha empleado.

• *El lenguaje.* Las dificultades para recordar nombres o palabras concretas pueden ser síntomas previos de la enfermedad de Alzheimer o de un trastorno neurológico poco frecuente llamado afasia anómica. En esta afasia, la función del lenguaje degenera de forma progresiva. Para comprobar si el paciente padece este trastorno, el médico deberá preguntarle los nombres de varios objetos comunes. También pedirá que el paciente siga unas determinadas instrucciones para comprobar la capacidad de comprensión del lenguaje y la respuesta a las instrucciones verbales. Otras pruebas para medir la función del lenguaje que se efectúan son la evaluación de la comprensión de los textos escritos, de la capacidad para repetir frases fonéticamente complejas y de la capacidad de describir una imagen estándar.

• *La habilidad espacial.* La habilidad espacial comprende el análisis de la información visual, como por ejemplo, las formas, las caras y los caminos entre dos puntos. Las pruebas que se realizan para evaluar su funcionamiento incluyen copiar y dibujar figuras, resolver rompecabezas o montar un diseño concreto con bloques de juguete. La región cerebral encargada de las tareas espaciales es el hemisferio derecho. Por lo tanto, si el paciente tiene dificultades para completar estas pruebas, lo más probable es que sufra alguna alteración en esta región cerebral. En algunos casos, los síntomas que indican la existencia de una disfunción en la parte derecha del cerebro son síntomas tempranos de la llamada variante visual de la enfermedad de Alzheimer. Pero, antes de que usted llegue a la conclusión de que su dificultad para interpretar un mapa es signo de algún trastorno neurológico, tenga en cuenta que todas las personas tenemos nuestras propias destrezas y debilidades cognitivas. Una dificultad relativa en un área concreta no refleja nada más que un patrón de desarrollo normal.

LAS PRUEBAS ESPECÍFICAS

Si tanto el reconocimiento médico como las otras pruebas indican la posible existencia de un trastorno cerebral, su médico le derivará para que le practiquen una o varias pruebas específicas. Las siguientes pruebas se emplean para evaluar y diagnosticar un amplio abanico de afecciones neurológicas.

La punción lumbar

Esta prueba consiste en obtener una pequeña muestra del líquido cefalorraquídeo que rodea al cerebro y la médula espinal. La muestra se extrae haciendo una punción entre dos vértebras de la parte baja de la espalda mientras el paciente está acostado de lado. Posteriormente, se analiza el líquido para determinar si hay pruebas de infección o de inflamación en el sistema nervioso central (cerebro y médula espinal).

El electroencefalograma

Un electroencefalograma (EEG) sirve para medir la actividad eléctrica del cerebro. Se colocan unos electrodos en el cuero cabelludo y, a veces, también en la cara del paciente, para captar las ondas cerebrales y convertirlas en señales visuales, que se reproducen por medio de un dispositivo llamado electroencefalógrafo. Los dispositivos electroencefalográficos antiguos dibujaban estas señales en papel continuo. Actualmente se emplean ordenadores para grabar, reproducir y analizar los datos del EEG. Un patrón de actividad eléctrica anómala puede ayudar a diagnosticar la epilepsia, los trastornos del sueño, las intoxicaciones neuronales y otros trastornos cerebrales.

Las técnicas estructurales de diagnóstico por imagen

Algunas pruebas de diagnóstico permiten obtener imágenes del cerebro. La resonancia magnética (RM), una técnica de diagnóstico por imagen de alta resolución, permite observar la forma, el tamaño y el contorno del cerebro. Cada nueva generación de escáner de RM es más sensible que la anterior, y las más recientes producen unas espectaculares imágenes del cerebro, con una gran definición. Aunque la atrofia cerebral puede ser muy sutil en las primeras fases de la enfermedad de Alzheimer, es posible detectarla gracias a la calidad de las imágenes que se obtienen, en las que se puede apreciar la pérdida de tejidos en estructuras cerebrales como el hipocampo.

La tomografía computerizada (CT) también produce imágenes estructurales del cerebro. En la CT se emplea un dispositivo radiográfico rotatorio acoplado a un ordenador que une los datos obtenidos para formar una imagen transversal. Partiendo de la imagen transversal, puede formarse una imagen tridimensional.

Tanto la RM como la CT permiten identificar las anomalías estructurales del cerebro características de muchos de los trastornos que causan problemas de memoria, como la hidrocefalia (exceso de líquido cefalorraquídeo bajo el cráneo), los hematomas subdurales (acumulación de sangre bajo el cráneo) o los tumores cerebrales. Todas estas afecciones aumentan la presión en el interior del cerebro, provocan pérdidas de memoria, así como otros síntomas neurológicos y cognitivos. Muchas de ellas son tratables, sobre todo si se diagnostican a tiempo. Las técnicas de diagnóstico por imagen también sirven para detectar los accidentes cerebrovasculares.

LAS TÉCNICAS FUNCIONALES DE DIAGNÓSTICO POR IMAGEN

Si las técnicas estructurales de diagnóstico no muestran ninguna anomalía, pero su médico aún sospecha que usted puede padecer Alzheimer u otro tipo de trastorno degenerativo, es posible que recomiende que le hagan una tomografía por emisión de fotón único (SPECT) o una tomografía por emisión de positrones (PET). Más que producir una imagen de la estructura cerebral, estas técnicas permiten observar el funcionamiento del cerebro. Con el SPECT podemos ver el riego sanguíneo del cerebro, en tanto que el PET traza el mapa del metabolismo de la glucosa. La reducción del riego sanguíneo o del metabolismo de la glucosa en las regiones temporal y parietal del cerebro es un síntoma «funcional» de la enfermedad de Alzheimer. Cada trastorno cerebral produce un patrón diferente en las imágenes funcionales. Con la ayuda de estas técnicas se pueden detectar anomalías, incluso cuando la RM no las revela.

La resonancia magnética funcional (RMNf) es una nueva técnica que se está empezando a usar con mucha frecuencia en las investigaciones clínicas para determinar qué regiones del cerebro se activan durante los diferentes tipos de procesamientos cognitivos. Se basa en la tecnología de la RM convencional, pero produce imágenes con tal rapidez que permite analizar cambios muy sutiles en el riego sanguíneo durante la realización de una tarea cognitiva específica. Con toda probabilidad, en un futuro próximo se convertirá en una técnica más de diagnóstico clínico .

EL ANGIOGRAMA CEREBRAL

El angiograma cerebral se emplea para evaluar el estado de los vasos sanguíneos que riegan el cerebro. Se introduce un tubo largo y fino (un catéter) en una arteria de la ingle, al que se hace avanzar por el cuerpo hasta que llega a la arteria carótida en el cuello. Un dispositivo llamado fluoroscopio permite ver una imagen en movimiento del tubo a través del cuerpo, haciendo que el médico pueda guiarlo hasta su destino. Posteriormente, se inyecta un tinte de contraste a través del catéter y se toman unas radiografías. El líquido de contraste permite visualizar claramente los vasos sanguíneos, mostrando los posibles bloqueos o las posibles anomalías vasculares.

LAS PRUEBAS GENÉTICAS

Mediante los análisis de sangre existentes es posible determinar si el paciente presenta alguna de las mutaciones o variantes genéticas relacionadas con la enfermedad de Alzheimer o con otros trastornos degenerativos hereditarios menos habituales.

Las personas con antecedentes familiares de *Alzheimer hereditario de aparición temprana*, un tipo de Alzheimer poco frecuente que puede manifestarse a partir de los cuarenta años, presentan mutaciones en tres genes: la presenilina 1, la presenilina 2 y el gen precursor de la proteína amiloide. Esta variante representa aproximadamente el 5% de los casos de Alzheimer.

Por el contrario, la gran mayoría de los casos de Alzheimer son de origen *esporádico*, lo que quiere decir que no se conoce su causa. De todos modos se sabe que las variaciones en el gen ApoE influyen en el riesgo de padecer esta enfermedad en algún momento. El ApoE tiene tres formas o alelos: e2, e3 y e4. Como heredamos un alelo de cada progenitor, existen seis posibles combinaciones de alelos: e2/e2, e2/e3, e2/e4, e3/e3, e3/e4 y e4/e4. El alelo e4 se asocia a la mayor probabilidad de desarrollar Alzheimer, lo que significa que quien tiene dos alelos e4 está en el grupo de mayor riesgo. En el caso opuesto, quien tiene dos alelos e2 se encuentra en el grupo de menor riesgo.

Entre el 35 y el 50% de las personas con Alzheimer tienen al menos una copia del alelo e4 del ApoE. Esto quiere decir que heredar un alelo e4 no significa necesariamente que se vaya a padecer la enfermedad de Alzheimer, y no tener este alelo tampoco garantiza no desarrollar la enfermedad. Por lo tanto, en muchos casos esta información genética es irrelevante, aunque, cuando la persona ya presenta síntomas de demencia, las pruebas de ApoE pueden ayudar a determinar si su causa subyacente es el Alzheimer.

Es conveniente subrayar que el que una persona tenga antecedentes familiares de Alzheimer hereditario de aparición temprana no quiere decir que necesariamente vaya a desarrollar esta enfermedad ni que tenga que hacerse pruebas genéticas. Incluso sabiendo que una persona tiene una mutación de las que producen la enfermedad, aún no disponemos de los medios suficientes para cambiar las probabilidades de que la padezca. Si usted no desea conocer su mapa genético, no deberían hacerle las pruebas. Si decide dejar que le hagan las pruebas, intente asegurarse de recibir la información necesaria para comprender con exactitud, tanto antes como después de ellas, lo que significan los resultados y para recibir el apoyo que le haga falta para hacer frente a la situación. En el cuadro «Pruebas genéticas para evaluar los trastornos de la memoria», en la página siguiente, aportamos información más detallada a este respecto.

PRUEBAS GENÉTICAS PARA EVALUAR
LOS TRASTORNOS DE LA MEMORIA

Muchos de mis pacientes creen que pasar por una prueba genética para detectar la enfermedad de Alzheimer les permitirá saber si alguna vez sufrirán esta enfermedad. Sin embargo, no es así, al menos no para la mayoría de la gente. Las personas con antecedentes familiares de Alzheimer hereditario de aparición temprana son las únicas que pueden llegar a saber si portan alguno de los marcadores genéticos que transmiten el ciento por ciento de probabilidades de padecer Alzheimer. Si el paciente ha heredado una mutación específica en alguno de los genes implicados (la presenilina 1, la presenilina 2 y el gen precursor de la proteína amiloide), entonces padecerá la enfermedad. Si no transporta la mutación, su riesgo no será mayor que el de cualquier otra persona, a pesar de sus antecedentes familiares.

Antes de realizar una prueba genética es conveniente considerar varias cuestiones éticas y psicológicas. Para los pacientes con antecedentes familiares de Alzheimer hereditario de aparición temprana, el resultado de las pruebas genéticas es definitivo. Aunque el paciente desee conocer su genotipo por diversas razones, si el resultado es positivo las consecuencias emocionales suelen ser devastadoras. Si uno de mis pacientes insiste en conocer su destino genético, procuro asegurarme de que consulte a un especialista en temas genéticos antes y después de las pruebas, con objeto de garantizar que esté en la mejor posición posible para tomar una decisión consciente y documentada, además de para que disponga del apoyo emocional adecuado que le permita hacer frente a los resultados.

Algunos pacientes sin antecedentes familiares de Alzheimer hereditario de aparición temprana insisten en pasar por la prueba del gen ApoE, que indica el riesgo de desarrollar la manifestación más habitual del Alzheimer, pero que no ofrece datos definitivos. Yo suelo preguntarles: ¿Cómo afectarían los resultados a su imagen de sí mismo y de su vida? ¿Sería capaz de soportar los resultados? También me preocupa la posibilidad de que a una persona se le pueda negar un puesto de trabajo, encarecer el seguro médico o no permitir su acceso a otros recursos si dan positivo para el alelo e4, la variante del ApoE que indica el mayor riesgo.

Actualmente se está trabajando para conocer mejor la genética de la enfermedad de Alzheimer y de los demás trastornos de la memoria. Cuando dispongamos de tratamientos preventivos realmente eficaces, conocer los secretos genéticos de esta enfermedad será aún más importante.

LA IMPLICACIÓN DE OTROS ESPECIALISTAS

Como los problemas de memoria pueden responder a una gran variedad de causas, es posible que, para alcanzar un diagnóstico, resulte necesario consultar a un especialista médico adicional. El médico de cabecera deberá derivar a su paciente a uno o más de los siguientes tipos de especialistas para que haga un seguimiento más concreto de los síntomas encontrados durante el reconocimiento inicial:

- *El neurólogo.* Un neurólogo puede diagnosticar y tratar un amplio abanico de alteraciones del sistema nervioso central que afectan a la memoria y a otras funciones cognitivas. Muchos neurólogos se especializan en trastornos específicos, como la enfermedad de Parkinson, la epilepsia o la demencia.
- *El psiquiatra.* Si la causa es la depresión o la ansiedad, un psiquiatra puede concretar el diagnóstico y recomendar el tratamiento requerido.
- *El neurocirujano.* Si los resultados de las pruebas médicas indican la presencia de una anomalía estructural en el cerebro, como un tumor, una malformación vascular o una hidrocefalia que requiera intervención quirúrgica, será necesaria la asistencia de un neurocirujano.
- *El endocrinólogo.* Se necesitará la presencia de un endocrinólogo para evaluar y tratar los problemas hormonales, como los trastornos tiroideos, que pueden llegar a afectar a la memoria.
- *El cardiólogo.* El paciente será derivado a un cardiólogo si el reconocimiento médico indica la existencia de una cardiopatía.

DESPUÉS DE LAS PRUEBAS

El diagnóstico de la causa de los problemas de memoria no es un proceso sencillo. Generalmente es necesario bastante tiempo, visitar a varios especialistas y pasar por varias pruebas. En muchos

Envejecimiento normal o demencia: El cuestionario

¿Cómo se puede saber si las pérdidas de memoria son un síntoma temprano de la enfermedad de Alzheimer o de algún otro tipo de demencia? No hay ninguna duda de que las pérdidas de memoria graves y progresivas son uno de los síntomas de la demencia. Sin embargo, en recientes investigaciones se ha sugerido que la falta de memoria no es, por sí sola, un factor diagnóstico perfecto de Alzheimer. En un artículo publicado en la revista *Archives of Neurology* (2000), un equipo de investigadores de la Facultad de Medicina de la Universidad de Harvard comunicó que había encontrado ocho preguntas que ayudan a predecir con gran precisión si las personas con disfunciones de la memoria van a permanecer estables, a empeorar o a mejorar. Las ocho preguntas se clasifican en tres categorías: juicio y resolución de problemas, hogar y aficiones, y cuidado personal. Son las siguientes:

JUICIO Y RESOLUCIÓN DE PROBLEMAS

1. ¿Tiene usted cada vez más dificultades para hacer frente a sus problemas (por ejemplo, tiene que confiar más en otras personas para que lo ayuden a resolver sus problemas o para hacer planes)?
2. ¿Ha habido algún cambio en su forma de conducir que no sea producto de algún problema de visión (por ejemplo, mayor grado de precaución o mayor dificultad para tomar decisiones)?
3. ¿Son sus juicios menos acertados que de costumbre?
4. ¿Tiene usted cada vez más problemas para administrar sus temas económicos (por ejemplo, mantener su cartilla de ahorro al día, pagar las facturas o tomar complejas decisiones financieras)?
5. ¿Tiene usted cada vez más dificultades para manejar las emergencias? ¿Ha tomado alguna decisión imprudente? ¿Confía más en lo que las demás personas le aconsejan que haga para actuar correctamente?

HOGAR Y AFICIONES

6. ¿Tiene usted cada vez más dificultades para realizar las tareas del hogar, como cocinar, o para aprender a utilizar electrodomésticos nuevos?
7. ¿Ha habido algún cambio en su capacidad para desarrollar sus aficiones? Por ejemplo, ¿dedica cada vez menos tiempo a sus aficiones

más complejas? ¿Tiene más dificultades para recordar las reglas de los juegos? ¿Lee usted menos, o necesita releer fragmentos más a menudo para comprender lo que ha leído?

CUIDADO PERSONAL

8. ¿Necesita que lo avisen para acordarse de ducharse o afeitarse?

Resultado: En el estudio, las personas que respondieron sí a *todas* las preguntas mostraron mayores probabilidades de desarrollar Alzheimer en los tres años siguientes.

El propósito de este cuestionario (y de los demás que forman parte de este libro) es indicar si usted presenta algún síntoma que justifique una evaluación médica. No se trata de diagnosticar ningún trastorno de la memoria. Si usted ha respondido afirmativamente a cuatro preguntas o más, hable con su médico.

casos debe repetirse la evaluación neuropsicológica cada cierto tiempo para llegar a determinar el alcance del problema. Lo que sucede después, depende del diagnóstico. En el próximo capítulo explicaremos cómo los médicos consiguen distinguir entre los lapsus de memoria normales y los trastornos de la memoria.

Capítulo 7

Los trastornos de la memoria

Una mañana de junio del año 2002, un joven llamado Steven vino a mi consulta para un reconocimiento, aconsejado por su médico de cabecera. Steven era un hombre encantador, con el que resultaba fácil conversar. Aunque tenía alguna dificultad para describir los detalles de su historia, fue capaz de contarme que había tenido problemas de memoria desde un accidente de tráfico sufrido seis meses antes. Explicó vagamente su situación en ese momento, dónde vivía, con quién y demás. Casi no podía recordar los pequeños detalles de su trabajo, pero era capaz de proporcionar una descripción paso a paso de todo el proceso para manufacturar una cazadora de cuero, su profesión hasta el momento del accidente.

Comencé el examen facilitándole una serie de formularios de la escala de inteligencia de Wechsler para determinar su capacidad intelectual general. Steven obtuvo unos resultados excelentes, que situaban su coeficiente intelectual por encima de la media. Después de una hora de pruebas, Steven necesitaba usar el lavabo. Le mostré el camino, señalándole un servicio que se encontraba a veinte pasos de distancia de mi oficina.

Me quedé esperándolo en el pasillo situado entre mi oficina y el lavabo, del que salió un par de minutos después. Steven miró a derecha e izquierda y comenzó a andar dubitativamente en dirección a mí. Cuando pasó a mi lado, levantó la vista y me dirigió un leve saludo. Lo alcancé un momento después y le pregunté si me reconocía. Él apartó la mirada, como indicando que no lo creía.

Steven era amnésico. Había sufrido una lesión anóxica (con interrupción del suministro de oxígeno al cerebro) durante el accidente de tráfico. A pesar de que habíamos pasado más de una hora charlando, bastó una leve interrupción para borrar cualquier recuerdo de mí y de lo que había estado haciendo un par de minutos antes. Posteriormente me explicó que había desarrollado la costumbre de saludar a las personas que se iba encontrando, asumiendo que debía de conocerlas, aunque era completamente incapaz de recordarlo con exactitud.

Cuando hablamos de los trastornos de la memoria, nos referimos a los trastornos neuropsicológicos cuyo principal síntoma es el mal funcionamiento de la memoria. Estas afecciones son distintas de las enfermedades que tratamos en el capítulo 5, como por ejemplo, la depresión o las cardiopatías, que causan pérdidas de memoria de forma secundaria, entre uno más de sus síntomas. Los trastornos primarios de la memoria son la amnesia, la disfunción cognoscitiva leve y la demencia. En este capítulo repasaremos todas ellas.

LOS OLVIDOS QUE SON NORMALES Y LOS QUE NO

Las pruebas para evaluar el estado de la memoria y del resto de funciones cognitivas pueden ayudar a distinguir los trastornos de la memoria de las pérdidas de memoria relacionadas con la edad. Conviene subrayar que las pérdidas de memoria relacionadas con la edad no representan por sí mismas un trastorno de la memoria. Sin embargo, dos trastornos de la memoria (la disfunción cognoscitiva leve y la demencia), se vuelven más comunes con la edad, lo que ha llevado a los investigadores en el campo de la memoria a preguntarse si existe alguna relación entre aquéllos y las pérdidas de memoria relacionadas con la edad.

Los especialistas aún no se han puesto de acuerdo a este respecto. Algunos opinan que la disfunción cognoscitiva leve y la demencia son completamente diferentes de las pérdidas de memoria relacionadas con la edad. A esta teoría se la denomina «modelo de la discontinuidad». Según este punto de vista, las pérdidas de memoria relacionadas con la edad son un efecto del normal desarrollo del cerebro, de la misma manera que la pérdida de densidad ósea es el destino normal e inevitable del esqueleto humano. Por otra parte, los partidarios de la discontinuidad creen que la demencia es el producto de una enfermedad fisiopatológica, una desviación del desarrollo normal.

Otros especialistas opinan que las pérdidas de memoria relacionadas con la edad, la disfunción cognoscitiva leve y la demencia forman parte de un mismo proceso de deterioro de la memoria. Esto no significa que las pérdidas de memoria relacionadas con la edad desemboquen necesariamente en una disfunción cognoscitiva leve y, posteriormente, en demencia. El progreso degenerativo depende de numerosos factores, la mayoría de los cuales ya han sido tratados en los capítulos anteriores. De todos modos, los partidarios de la «hipótesis de la continuidad» creen que la afección fisiopatológica que está detrás de los problemas de memoria relacionados con la edad es básicamente la misma, con diferentes intensidades. La conclusión de esta teoría es que todos y cada uno de nosotros desarrollaríamos demencia si llegásemos a vivir el tiempo suficiente.

No se sabrá cuál de estos dos modelos es más preciso hasta que no comprendamos mejor lo que sucede en el cerebro de las personas con pérdidas de memoria relacionadas con la edad, disfunción cognoscitiva leve y demencia. Lo que sí se sabe es que contamos con varios métodos para reducir o invertir los problemas de memoria relacionados con la edad, mientras que hasta el momento no se conoce ningún tratamiento que consiga paliar la disfunción cognoscitiva leve ni la demencia.

LA AMNESIA

La amnesia es un defecto en la capacidad para formar nuevos recuerdos, para recuperar recuerdos ya formados o bien una combinación de ambas condiciones. La incapacidad para formar recuerdos nuevos se denomina *amnesia anterógrada*, y la incapacidad para formar nuevos recuerdos se denomina *amnesia retrógrada*.

CARACTERÍSTICAS BÁSICAS DE LA AMNESIA

Problemas para la recuperación de recuerdos episódicos.

Problemas para formar nuevos recuerdos declarativos.

Grado de inteligencia intacto.

Capacidad de atención y memoria de trabajo normales.

Capacidad de aprendizaje y memoria procedimental relativamente intactas.

Circulan muchas ideas equivocadas sobre la amnesia. La razón es que, al contrario que los demás trastornos de la memoria, la amnesia no afecta a las capacidades intelectuales generales. Además, no tiene una única manifestación, es decir, existen varios tipos, cada uno de ellos con diferentes síntomas y diferentes causas.

Quizá la idea errónea más generalizada sobre la amnesia sea que afecta a todos los tipos de memoria. En realidad, afecta casi exclusivamente a la formación de nuevos recuerdos y a los recuerdos episódicos que forman parte de la memoria declarativa, mientras que la memoria procedimental permanece relativamente intacta. La memoria procedimental, en la que se incluyen las habilidades ya adquiridas (conducir, por ejemplo), permanece intacta, porque no depende ni del hipocampo ni de las demás estructuras cerebrales dañadas por la amnesia. Steven, el paciente cuyo caso hemos explicado al principio del capítulo, podía recordar hasta los más pequeños detalles de cómo fabricar cazadoras de cuero (un recuerdo procedimental), pero no era capaz de recordar los nombres ni las caras de las personas a las que acababa de conocer, ni tampoco las conversaciones recientes (recuerdos declarativos).

Las personas con amnesia pueden adquirir nuevas habilidades. Los estudios en los que pacientes con amnesia han practicado diariamente actividades nuevas, como jugar a juegos de ordenador, muestran que su rendimiento mejora con el tiempo, lo que indica que son capaces de formar nuevos recuerdos procedimentales.

CAUSAS MÁS HABITUALES DE LA AMNESIA

Traumatismo craneoencefálico.

Síndrome de Korsakoff (deficiencia de tiamina asociada a alcoholismo crónico).

Encefalitis vírica.

Anoxia o hipoxia.

Intervención quirúrgica en el lóbulo temporal del cerebro para corregir la epilepsia.

Obstrucción de la arteria cerebral posterior.

Ruptura o pinzamiento de la arteria comunicante anterior (cirugía para los aneurismas).

Encefalitis límbica paraneoplásica (asociada a un tumor).

Sin embargo, los pacientes no suelen tener ningún recuerdo, ni de haber visto el juego ni de haber jugado con anterioridad. Este fenómeno se denomina «aprendizaje inconsciente».

LA AMNESIA ORGÁNICA

La amnesia puede ser el producto de una lesión en el lóbulo temporal medial (el hipocampo) o en el diencéfalo (el tálamo). Las causas de la amnesia temporal medial son: la interrupción del suministro de oxígeno al cerebro, un accidente cerebrovascular en la arteria cerebral posterior, algunos tipos de infecciones cerebrales (como la encefalitis vírica) y la encefalitis límbica paraneoplásica asociada al cáncer. Las personas que padecen amnesia temporal medial olvidan la información justo después de haberse encontrado con ella, pero generalmente mantienen intacta su capacidad de atención, su perspicacia y sus capacidades intelectuales.

La terapia electroconvulsiva (ECT), utilizada para tratar la depresión severa, puede provocar amnesia transitoria al alterar el funcionamiento de las estructuras temporales mediales. Sin embargo, la ECT no daña de forma permanente estas estructuras, por lo que la amnesia tiende a remitir con el paso del tiempo.

El síndrome de Korsakoff (resultado de la combinación de la deficiencia de tiamina y el alcoholismo crónico), así como otras deficiencias alimentarias, los traumatismos craneoencefálicos, los accidentes cerebrovasculares y los tumores que afectan al tálamo, pueden causar la llamada *amnesia diencefálica*. Este tipo de amnesia produce fallos en las funciones ejecutivas y en el razonamiento.

LA AMNESIA TRANSITORIA GLOBAL

Es un síndrome poco habitual por el que la persona afectada padece un episodio amnésico temporal, generalmente durante unas pocas horas. Las causas de la amnesia transitoria global (TGA) son desconocidas, no se asocia a ningún síntoma neurológico ni a ninguna deficiencia neuropsicológica evidente.

La TGA es la incapacidad temporal para formar recuerdos nuevos y también para recuperar recuerdos de los días, meses o años anteriores. Las personas con TGA se comportan correctamente; pueden hablar, razonar y realizar otras funciones cognitivas sin problemas aparentes; pero son absolutamente incapaces de recordar nada de lo sucedido durante el episodio amnésico. Cuando la TGA remite, suelen recuperar casi la totalidad de las funciones de la memoria, pero siguen sin poder recordar lo que pasó durante el episodio.

La TGA tiene mayor incidencia entre las personas mayores de cincuenta años. Se cree que la migraña, los accidentes cerebrovasculares en el lóbulo temporal o los accidentes isquémicos transitorios son las posibles causas, pero aún no se sabe con certeza. También se cree que algunos medicamentos, como los somníferos o los sedantes hipnóticos, podrían estar relacionados con la TGA. Una atrevida hipótesis postula que la causa podría ser una reducción transitoria del riego sanguíneo al lóbulo temporal medial o al tálamo, ya que estas estructuras son esenciales para el funcionamiento de la memoria. La reducción del riego sanguíneo puede producirse en situaciones de estrés físico o emocional, porque en estos casos la circulación sanguínea se desvía parcialmente hacia otras zonas del organismo. Ejemplos documentados de estas situaciones son el agotamiento físico, la inmersión en aguas heladas, el estrés emocional excesivo o las relaciones sexuales.

En un estudio publicado en la revista *Neurology* (2004), los investigadores estudiaron 31 casos consecutivos de TGA. Descubrieron diminutas lesiones en forma de punto en el hipocampo de 26 de los participantes. Señalaron que, a pesar de que durante la fase aguda del episodio sólo se observaron anomalías en las RM de dos pacientes, las lesiones eran visibles en las RM de los 26 casos entre veinticuatro y cuarenta y ocho horas después del comienzo de la amnesia. Este hallazgo aporta una mayor credibilidad a la teoría del origen isquémico de la TGA.

LA AMNESIA PSICÓGENA

Al contrario que la amnesia orgánica, el origen de la amnesia psicógena es un trauma emocional grave, y no el producto de ninguna lesión en la estructura del cerebro. Las personas con amnesia psicógena presentan una amnesia retrógrada por la que pierden recuerdos de acontecimientos pasados y de datos que ya conocían, pero son capaces de aprender información nueva con toda normalidad. La reacción disociativa es una forma de amnesia psicógena por la que el afectado se siente obligado a trasladarse a otra ciudad o región, asume una nueva identidad y aparentemente no guarda recuerdos de su vida anterior.

Algunas veces, la amnesia psicógena proporciona un alivio psicológico a la persona afectada, al bloquear la aparición del recuerdo de un suceso traumático insoportable. Sigmund Freud describió el mecanismo de defensa que bautizó como represión, por el cual los pensamientos o las experiencias desagradables se llegan a olvidar relegándolas al subconsciente. Tal y como explicamos en el capítulo 3, la recuperación de los recuerdos reprimidos despierta una gran controversia en los casos de abusos sexuales durante la infancia.

En otros casos se ha llegado a fingir la amnesia retrógrada, aparentemente con intenciones inicuas. La simulación de la amnesia puede ser un intento de eludir la responsabilidad derivada de un crimen u otro acto reprobable.

La amnesia cinematográfica

La escena comienza con un plano gran angular, en blanco y negro, de un destartalado motel de carretera. El viento sopla con fuerza, levantando el polvo a su paso y arrastrando unos papeles a través del aparcamiento. Pasamos a ver el interior de una de las habitaciones. Un hombre de mediana edad con barba de tres días se mira fijamente en el espejo del cuarto de baño y ve que tiene una magulladura en la frente. Oímos una voz en *off* que dice: « ¿Dónde estoy? ¿Cómo llegué hasta aquí? ¿Quién soy?».

Nuestro protagonista abre la puerta de un armario y lanza un grito sofocado, mientras la cámara enfoca el cuerpo sin vida de una bella mujer. En la siguiente escena se ve al hombre, asustado, corriendo por el aparcamiento en busca de un coche que pueda abrirse con las llaves que acaba de encontrar en uno de sus bolsillos. Encuentra el coche, enciende el motor y se aleja de allí a gran velocidad.

Las representaciones cinematográficas de la amnesia son bastante dramáticas, aunque no son científicamente posibles. La idea de que un golpe en la cabeza pueda eliminar los aspectos principales de la identidad personal, sin afectar a las capacidades funcionales generales, es apropiada para el argumento de una película, pero carece de sentido desde el punto de vista neurológico.

En la vida real, las personas con una amnesia causada por una conmoción no olvidan todo lo que sabían. Ni su nivel de inteligencia ni su capacidad de atención se ven afectadas. Pueden formar recuerdos a corto plazo que duran unos pocos minutos, siempre que no haya ninguna interferencia externa. Las crisis se producen

EL CASO HM

Hace ya más de cincuenta años, la comunidad científica aprendió mucho sobre las características neuroanatómicas de la memoria gracias al caso de un joven de Connecticut (famoso en la literatura científica bajo el nombre «HM») al que se sometió a una intervención quirúrgica cerebral para aliviarle sus convulsiones epilépticas. En un intento desesperado por acabar con sus convulsiones, un cirujano de Yale le extirpó grandes porciones de sus lóbulos medial y temporal, incluidos el hipocampo y las cortezas entorrinal y perirrinal. La cirugía consiguió controlar la epilepsia de HM, pero también le produjo una amnesia profunda.

Aunque su memoria procedimental y sus recuerdos de los acontecimientos anteriores a la operación permanecieron intactos, HM fue incapaz de aprender nuevos datos objetivos y crear nuevos recuerdos episódicos. Describió su situación con las siguientes palabras: «En este momento, me estoy preguntando si he hecho o he dicho algo inapropiado, ¿sabe usted? Es decir, ahora mismo lo tengo todo claro, pero ¿qué ha pasado hace un rato? Eso es lo que me preocupa, es como despertarse de un sueño. Simplemente, no me acuerdo».

fundamentalmente al intentar aprender datos nuevos o al tratar de recuperar recuerdos episódicos, que son los que se forman y almacenan en el interior de las estructuras afectadas.

EL TRATAMIENTO PARA LA AMNESIA

No existe un tratamiento específico para la amnesia, pero, dependiendo de la causa, sus síntomas suelen remitir con el tiempo. Si la amnesia es el producto de una conmoción leve, la mayor parte de los recuerdos perdidos volverán de forma gradual. Cuando los traumatismos craneoencefálicos son graves, el proceso de recuperación de los recuerdos de los acontecimientos anteriores a la lesión se denomina «retroceder en la amnesia retrógrada». No obstante, los recuerdos formados justo antes y justo después del traumatismo suelen perderse para siempre. Cuanto más grave sea la lesión, más persistente será la disfunción de la memoria.

En las amnesias que tienen una causa diferente, las perspectivas de mejora dependen de la gravedad del problema subyacente. Por ejemplo, si un paciente con deficiencia de tiamina y alcoholismo crónico ha desarrollado el síndrome de Korsakoff, sus problemas de memoria serán duraderos. Sin embargo, un paciente con problemas de memoria relacionados con el alcoholismo que no haya desarrollado el Korsakoff puede recuperar una parte sustancial de las funciones de su memoria si deja de consumir bebidas alcohólicas, mejora su dieta y remedia el déficit vitamínico.

Las personas con amnesia psicógena pueden recuperar su memoria, muchas veces con la ayuda de terapias psicológicas que refuercen su capacidad de introspección. No obstante, como explicamos en el capítulo 3, la recuperación de recuerdos es un tema controvertido. En la actualidad, un gran número de «curanderos» afirman haber conseguido que sus pacientes recuperen algún recuerdo reprimido siguiendo, con mano dura, un calendario predeterminado de sesiones, cuando, de hecho, lo más probable es que hayan implantado diez recuerdos traumáticos falsos por cada recuerdo auténtico recuperado.

LA DISFUNCIÓN COGNOSCITIVA LEVE

En estos últimos años, la distinción entre las pérdidas de memoria relacionadas con la edad normales y las anomalías de la función cognitiva se han ido difuminando a medida que los investigadores se han centrado en un grupo concreto de personas de edad avanzada: los que tienen problemas de memoria que exceden los normales en su edad, pero no son lo suficientemente graves como para ser considerados demencia. Estas personas están afectadas de una disfunción cognoscitiva leve, que es la pérdida de una única función mental (normalmente la memoria) de una forma mucho más pronunciada y persistente de lo que es habitual.

Los expertos no han conseguido ponerse de acuerdo respecto al enfoque desde el que hay que partir para estudiar la disfunción cognoscitiva leve. Una de las teorías actuales postula que esta disfunción representa un estado intermedio transitorio entre la función cognitiva normal y la demencia. Otro punto de vista descarta el propio concepto de la disfunción cognoscitiva leve y considera sus síntomas como una manifestación temprana de la enfermedad de Alzheimer. No obstante, sabemos que este trastorno se vuelve más frecuente a medida que envejecemos.

Una de las claves para distinguir las pérdidas normales de memoria y la disfunción cognoscitiva leve podría ser la naturaleza de la información que se olvida. En las pérdidas normales de memoria, se tienen dificultades para recordar datos aislados, como el nombre de un conocido o la fecha de renovación de la suscripción a una revista. En la disfunción cognoscitiva leve, la información afectada es relevante, como los nombres de las personas cercanas o las fechas de cumpleaños de los familiares.

En las pruebas clínicas para evaluar la memoria, las personas que padecen disfunción cognoscitiva leve tienen problemas para recordar los detalles de las imágenes que acaban de ver o los párrafos de los textos que acaban de leer. Estos problemas de memoria son similares a los de las personas con Alzheimer muy leve. Sin embargo, al contrario que los pacientes con la enfermedad de Alzheimer, su rendimiento es normal en las pruebas que miden otros aspectos de la función cognitiva, como la atención, el lenguaje, la construcción espacial o las funciones ejecutivas. Por lo tanto, su capacidad para desarrollar los quehaceres de la vida diaria, tanto en casa como en el trabajo, permanece prácticamente intacta.

Durante muchos años, los científicos se han preguntado si la disfunción cognoscitiva leve era un precursor de la enfermedad de Alzheimer. Actualmente la opinión mayoritaria es que sí lo es. Las estudios realizados han conseguido demostrar que las probabilidades de desarrollar Alzheimer son mucho mayores en las personas con disfunción cognoscitiva leve que en las personas con pérdidas normales de memoria relacionadas con la edad. Según un análisis basado en distintos estudios, el 6% de las personas de entre sesenta y cinco y sesenta y nueve años de edad, con diagnóstico de disfunción cognoscitiva leve, desarrollan la enfermedad Alzheimer cada año, comparado con el 0,2% de las personas de la población general en esta franja de edad. Además, el 25% de las personas cuyas edades están comprendidas entre los ochenta y cinco y los ochenta y nueve años que padecen disfunción cognoscitiva leve progresan a un diagnóstico de Alzheimer cada año, comparado con el 4% de la población general.

No obstante, esto no significa que toda persona con disfunción cognoscitiva leve esté destinada a sufrir Alzheimer. Algunas personas ni siquiera sufren un empeoramiento de la disfunción, mientras que otras incluso mejoran. En un estudio en el que se llevó a cabo un seguimiento de pacientes con disfunción cognoscitiva leve durante tres años, el 81% de ellos no llegó a desarrollar Alzheimer. De esa gran mayoría, el 29% no experimentó un empeoramiento de la disfunción y el 15% presentó una mejoría. En otro estudio presentado en la reunión del año 2003 de la Asociación Neurológica de Estados Unidos, los investigadores observaron que el 27% de las personas con disfunción cognoscitiva leve permanecían con sus funciones cognitivas estables durante un período medio de doce años.

Los investigadores continúan estudiando las relaciones existentes entre la enfermedad de Alzheimer y la disfunción cognoscitiva leve. Un aspecto esencial de estas relaciones es saber si tratando la disfunción con ciertos medicamentos se conseguiría prevenir su conversión en Alzheimer. En el Instituto de la Tercera Edad de Estados Unidos se han estudiado las propiedades del donepezilo (Aricept), uno de los fármacos aprobados oficialmente para el tratamiento del Alzheimer, en cuanto a prevenir que la disfunción cognoscitiva leve degenere en demencia. Durante la primera mitad de este estudio de tres años de duración, se ha comprobado que las personas tratadas con donepezilo tienen menos probabilidades de desarrollar demencia que aquellas a las que se administró un placebo. A medida que se conozcan más datos sobre la disfunción cognoscitiva leve y se desarrollen tratamientos más eficaces para la enfermedad de Alzheimer, se podrán diseñar tratamientos preventivos para ayudar a quienes tienen más probabilidades de padecer ambos trastornos.

CRITERIOS DIAGNÓSTICOS PARA LA DISFUNCIÓN COGNOSCITIVA LEVE

Quejas subjetivas sobre la memoria.

Pruebas objetivas de disfunción de la memoria en las pruebas neuro-psicológicas estándar.

Funciones cognitivas normales.

Capacidad para realizar las actividades de la vida diaria intacta.

Sin demencia.

LA DEMENCIA

La demencia es un deterioro progresivo de la memoria y de otras funciones cognitivas. Es muy poco habitual en personas menores de sesenta años, aunque su incidencia aumenta con la edad. Su incidencia es de alrededor del 10% en las personas de sesenta y cinco años, y se dobla cada diez años de edad más. La principal causa de la demencia es el Alzheimer, aunque también lo pueden ser las enfermedades cerebrovasculares, la demencia con cuerpos de Lewy, la enfermedad de Parkinson, el alcoholismo, el VIH, así como trastornos degenerativos poco frecuentes como la enfermedad de Niemann-Pick, la parálisis supranuclear progresiva, la enfermedad de Creutzfeldt-Jakob o la enfermedad de Huntington.

Los factores que hacen aumentar el riesgo de sufrir demencia, además de la edad avanzada, son los siguientes: los antecedentes familiares de Alzheimer, la posesión del alelo e4 del gen ApoE (una variante genética que aumenta el riesgo de padecer Alzheimer), los traumatismos craneoencefálicos y la exposición a sustancias tóxicas. Algunas investigaciones recientes indican que es posible que ciertos tipos de infecciones víricas, como el herpes simple del tipo 1 o la clamidia, también sean causantes de demencia, pero todavía no se ha demostrado.

Aunque las personas que están en las primeras fases de la demencia suelen darse cuenta de que tienen algún tipo de problema, la enfermedad llega a arrebatarles, con el paso del tiempo, la percepción de sí mismos. Por lo tanto, es normalmente un miembro de su familia o un amigo quien debe reconocer los síntomas. Si usted conoce a alguien que sufre demencia, debería concertarle un reconocimiento médico.

El diagnóstico de la demencia se efectúa examinando el comportamiento del paciente y su función cognitiva y reuniendo pruebas mediante las técnicas de diagnóstico por imagen y los análisis de laboratorio, tal y como explicamos en el capítulo 6. Deberán considerarse las posibles causas reversibles de la demencia, como por ejemplo, la hidrocefalia normotensiva, que puede intervenirse quirúrgicamente o la deficiencia crónica de vitamina B_{12}, que puede solucionarse, inyectando esta vitamina regularmente.

Sin embargo, muchos de los tipos de demencia son irreversibles. Algunos de los medicamentos para tratar las disfunciones de la memoria asociadas a la demencia pueden proporcionar un leve alivio temporal de los síntomas o incluso retrasar la progresión de éstos. En el capítulo 8 trataremos estos medicamentos con más detalle.

LA ENFERMEDAD DE ALZHEIMER

La enfermedad de Alzheimer es la principal causa de la demencia, ya que representa entre el 50 y el 70% de los casos. Los signos externos del Alzheimer son sobradamente conocidos: deterioro gradual de la memoria que va empeorando a lo largo del tiempo y que llega a afectar a todas las áreas de la función cognitiva. En casos aislados, los síntomas iniciales pueden estar relacionados con otras funciones neuropsicológicas, como por ejemplo, la capacidad para encontrar palabras, el procesamiento visual avanzado, la construcción espacial o las funciones ejecutivas. Los pacientes con Alzheimer padecen cambios de personalidad y descuidan su aspecto personal. Las características neuropatológicas de la enfermedad de Alzheimer en el cerebro son la pérdida de neuronas y la formación de «placas» amiloides y «ovillos» neurofibrilares.

Figura 7.1. *Comparación entre un cerebro normal y un cerebro con Alzheimer*

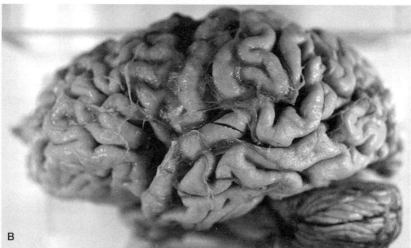

A. Cerebro normal de una persona de edad avanzada. B. Cerebro de una persona de edad avanzada con la enfermedad de Alzheimer. Por Cecil Runyons, Sanders-Brown Center on Aging, Universidad de Kentucky. Reproducido con permiso.

En las primeras fases, las alteraciones patológicas se concentran en el hipocampo y en otras regiones cerebrales importantes para la consolidación de los recuerdos. La memoria a largo plazo no suele verse afectada en casos de Alzheimer leve o moderado; la mayor

Figura 7.2. *Riesgo de padecer la enfermedad de Alzheimer por edades*

3% de los estadounidenses de 65 a 74 años

19% de los estadounidenses de 75 a 84 años

47% de los estadounidenses mayores de 84 años

parte de las personas con este grado de enfermedad son capaces de recordar acontecimientos de muchos años atrás con gran detalle. Sin embargo, a medida que la enfermedad progresa y se extiende por otras regiones de la corteza cerebral, la memoria a largo plazo también deja de funcionar correctamente. El cerebro se atrofia (se encoge), sobre todo en las regiones temporal y parietal, tal y como podemos observar en la figura 7.1, en la que se compara el cerebro de una persona con Alzheimer con el cerebro de una persona de la misma edad sin Alzheimer. Las personas que padecen la enfermedad de Alzheimer también son vulnerables al desarrollo de síntomas psiquiátricos, como depresión, agitación, alucinaciones y delirios.

La incidencia de la enfermedad de Alzheimer aumenta considerablemente con la edad. En Estados Unidos, sólo el 3% de las personas comprendidas entre los sesenta y cinco y los setenta y cuatro años, pero el porcentaje sube hasta el 47% en los estadounidenses mayores de ochenta y cinco, tal y como se puede apreciar en la figura 7.2.

LA DEMENCIA VASCULAR

La segunda causa de demencia en importancia, la demencia vascular, es el resultado de uno o varios accidentes vasculares que interrumpen el riego sanguíneo al cerebro. La falta de riego daña las neuronas al privarlas de oxígeno. Al contrario de lo que sucede con el Alzheimer, cuya progresión es gradual, la demencia vascular aparece de forma repentina (justo después de un accidente cerebro-vascular) y progresa paso a paso, ya que cada una de las siguientes alteraciones del funcionamiento del cerebro son la consecuencia de los siguientes accidentes cerebrovasculares o del daño cerebral acumulado.

Se puede reducir el riesgo de padecer demencia vascular mediante el control de las alteraciones que pueden desembocar en un accidente cerebrovascular: la hipertensión, las cardiopatías, la diabetes y la obesidad (además de no fumando). Ciertos fármacos que están disponibles en el mercado, como el ácido acetilsalicílico o la warfarina, permiten mejorar el riego sanguíneo cerebral y probablemente ayudan a evitar el deterioro de la memoria tras un accidente cerebrovascular.

LA DEMENCIA MIXTA

La demencia mixta es un síndrome cuyas patologías subyacentes son la enfermedad de Alzheimer y la demencia vascular. Se suele diagnosticar en personas con síntomas de demencia que tienen un historial médico de afecciones vasculares y antecedentes familiares de enfermedad de Alzheimer.

La relación entre la demencia vascular y el Alzheimer puede ser más que una simple coincidencia, ya que algunas investigaciones indican que los problemas vasculares son una de las causas de la enfermedad de Alzheimer. En un estudio publicado en la revista *Archives of Neurology* (2003) se afirmaba que los adultos que han sufrido accidentes cerebrovasculares tienen mayores probabilidades de desarrollar Alzheimer que las que no los han sufrido. Este descubrimiento aporta credibilidad a otro conocido estudio, realizado con anterioridad por el Instituto de la Tercera Edad de Estados Unidos en 678 monjas, que demostraba la relación entre los accidentes cerebrovasculares y la enfermedad de Alzheimer. Las participantes en el estudio que habían sufrido accidentes cerebrovasculares y que presentaban patologías de placas amiloides y ovillos neurofibrilares tenían un mayor riesgo de desarrollar Alzheimer que las que sólo presentaban las patologías de placas y ovillos.

EL TRATAMIENTO DE LOS TRASTORNOS DE LA MEMORIA

El mejor tratamiento para los trastornos de memoria es su prevención. A continuación le proponemos varias medidas a tal efecto:

- *Protéjase la cabeza.* Un golpe en la cabeza puede provocar problemas de memoria e incrementar las probabilidades de sufrir demencia en el futuro. Utilice el cinturón de seguridad cuando vaya en coche para evitar los traumatismos que puede provocar un accidente de tráfico. Lleve un casco cuando monta en bicicleta, en patines o cuando esquía. Use un protector bucal y una protección adecuada para la cabeza cuando practique deportes de contacto.
- *Proteja sus vasos sanguíneos.* El taponamiento de un vaso sanguíneo que llega hasta el cerebro puede provocar un accidente cerebrovascular, que a su vez puede causar demencia. Reduzca sus probabilidades de sufrir un accidente cerebrovascular ejercitándose de forma regular, manteniéndose en un peso adecuado y no fumando.
- *Controle su presión arterial y sus niveles de colesterol.* La hipertensión y la hipercolesterolemia también pueden provocar un accidente cerebrovascular. Es posible reducir el riesgo de accidente cerebrovascular, y por lo tanto de demencia, tratando estas afecciones con medicamentos y estrategias conductuales (como practicar ejercicio físico y seguir una dieta equilibrada).

Aunque hasta el momento no se conoce ningún tratamiento definitivo para la disfunción cognoscitiva leve ni para muchas formas de demencia, sí que existen varios medicamentos que pueden paliar sus síntomas durante cierto período de tiempo. En el próximo capítulo hablaremos de estos medicamentos, así como de otros que aún están en fase de estudio.

Capítulo 8

Medicamentos para mejorar la memoria

La búsqueda de medicamentos que permitan recuperar el funcionamiento de una memoria deteriorada o mejorar el rendimiento de una memoria normal ha ido progresando de forma espectacular desde hace más de una década, exactamente desde el momento en que la Administración de Fármacos y Alimentos de Estados Unidos (FDA) aprobó la comercialización de la tacrina (Cognex) para el tratamiento de la enfermedad de Alzheimer. Sin embargo, aunque la publicidad de numerosos preparados fitoterapéuticos diga lo contrario, todavía no existe un medicamento que consiga remediar las pérdidas de memoria relacionadas con la edad. Por otro lado, cada vez disponemos de más fármacos aprobados por la FDA para el tratamiento sintomático de los trastornos de la memoria. Y el número de candidatos en fase de estudio es aún mayor.

Los medicamentos disponibles en la actualidad permiten paliar ligeramente los síntomas de la demencia y lentificar su avance. Estos fármacos también se aplican, cada vez con más frecuencia, para tratar la disfunción cognoscitiva leve. Consideramos importante subrayar que los suplementos de vitamina E son tan eficaces para el tratamiento del Alzheimer como los medicamentos de venta con receta. En definitiva, hasta el momento no tenemos a nuestro alcance medicamentos que curen ninguno de los trastornos de la memoria ni que reviertan el daño neuronal que producen estos trastornos.

CÓMO FUNCIONAN LOS MEDICAMENTOS PARA MEJORAR LA MEMORIA

Los medicamentos que actualmente se emplean para tratar la demencia y la disfunción cognoscitiva leve actúan alterando la actividad y la disponibilidad de los neurotransmisores cerebrales que desempeñan un papel fundamental en el funcionamiento de la memoria. Estos medicamentos, llamados *inhibidores de la colinesterasa*, son el donepezilo (Aricept), la galantamina (Reminyl), la rivastigmina (Exelon) y la tacrina (Cognex).

Aunque la eficacia de todos ellos es similar, cada inhibidor de la colinesterasa tiene unas indicaciones y unos efectos secundarios distintos. El más apropiado suele ser el donepezilo, ya que debe tomarse una sola vez al día, mientras que los demás deben tomarse dos veces al día. Los efectos secundarios más habituales de los inhibidores de la colinesterasa son síntomas gastrointestinales, como náuseas, diarrea, falta de apetito o pérdida de peso. A pesar de que todos estos medicamentos son de la misma clase, algunos pacientes presentan los efectos secundarios de uno de ellos, pero no de los otros. La tacrina, el más antiguo de todos ellos, ya casi no se prescribe, dado que sus efectos secundarios son los más graves (puede llegar a dañar el hígado).

La memantina (Namenda) es un nuevo medicamento para la memoria con un mecanismo de acción diferente. La memantina es un antagonista del receptor NMDA (N-metil-D-aspartato), que evita que el glutamato (otro neurotransmisor) se una a los receptores de NMDA. Los receptores son las partes de las neuronas a las que se unen neurotransmisores específicos. Aunque el mecanismo concreto por el que la memantina produce efectos beneficiosos no se conoce del todo, es posible que, al bloquear los receptores de NMDA, evite la sobreestimulación producida por niveles excesivos de glutamato, que pueden ser tóxicos para las neuronas y las sinapsis y, por lo tanto, pueden desencadenar pérdidas de memoria y otras alteraciones de las funciones cerebrales. Los efectos secundarios más habituales de la memantina son mareos, confusión, cefaleas y estreñimiento.

Muchas empresas farmacéuticas están sacando partido de los nuevos descubrimientos sobre las características biológicas de la enfermedad de Alzheimer para desarrollar medicamentos que, teóricamente, detendrán el avance de este trastorno combatiendo la patología subyacente. Nuestra opinión al respecto es optimista, creemos que en un futuro próximo se desarrollará un tratamiento que conseguirá modificar el transcurso de esta enfermedad.

MEDICAMENTOS PARA LA ENFERMEDAD DE ALZHEIMER

Los medicamentos disponibles actualmente en el mercado reducen los síntomas de la enfermedad de Alzheimer en algunos pacientes y retrasan su progresión en otros, por lo que permite que los pacientes sigan siendo independientes durante un número determinado de meses. A las personas con Alzheimer leve o moderado se les administra inhibidores de la colinesterasa y vitamina E; a quienes padecen la enfermedad en su vertiente moderada o grave se les prescribe memantina.

MEDICAMENTOS PARA LA ENFERMEDAD DE ALZHEIMER LEVE O MODERADA

Todos los inhibidores de la colinesterasa tienen la misma eficacia en el momento de estabilizar tanto la memoria como el resto de las funciones cognitivas de las personas que sufren Alzheimer leve o moderado, aunque la respuesta a este tratamiento varía en cada persona. Que uno de los inhibidores de la colinesterasa no resulte eficaz para tratar a un paciente no significa que los demás inhibidores tampoco vayan a serlo.

Después de haber recibido uno de los inhibidores de la colinesterasa durante varias semanas, alrededor de la mitad de los pacientes presenta una mayor capacidad de atención, pueden cuidar de sí mismos y realizar algunas tareas. Según un informe publicado en la revista *Journal of the American Medical Association* (2003), estos medicamentos, asimismo, podrían aportar otros beneficios adicionales. En este repaso a veintinueve estudios ya publicados, se observó que los inhibidores de la colinesterasa también servirían para aliviar algunos de los síntomas psiquiátricos de la enfermedad de Alzheimer, como la depresión, la ansiedad, las alucinaciones o los delirios.

MEDICAMENTOS PARA LA ENFERMEDAD DE ALZHEIMER
MODERADA O GRAVE

La memantina, tanto en monoterapia como en combinación con uno de los inhibidores de la colinesterasa, es el fármaco que se emplea en el tratamiento del Alzheimer moderado o grave. Las investigaciones demuestran que la memantina ayuda a lentificar la progresión de las pérdidas de memoria y otros síntomas cognitivos durante un espacio de tiempo determinado. En un estudio publicado en la revista *Journal of the American Medical Association* (2004) se comparó a un grupo de pacientes que recibían donepezilo y memantina con otro grupo al que se administró donepezilo y un placebo. Los participantes que recibieron los dos medicamentos durante seis meses presentaron un deterioro mucho más lento de sus funciones cognitivas. Se detectó una evolución similar en sus capacidades para desarrollar sus quehaceres diarios, como bañarse, vestirse y demás. Aunque todos los pacientes sufrieron un empeoramiento tras los seis meses de estudio, el deterioro de los incluidos en el grupo de donepezilo y memantina tuvo una progresión mucho más lenta.

Los resultados de la experiencia clínica con memantina son similares a los que se aprecian en el caso de los inhibidores de la colinesterasa. Concretamente, la memantina parece lentificar la progresión de los síntomas, pero, ni tiene ningún efecto sobre la patología subyacente, ni altera el desarrollo general de la enfermedad de Alzheimer.

- *El* Ginkgo biloba. En varios estudios de pequeñas dimensiones se ha observado que un extracto de los frutos y las hojas del ginkgo (un árbol) presenta unos beneficios, para las personas con enfermedad de Alzheimer de moderada a grave, comparables a los de la vitamina E u otros fármacos que se emplean para mejorar el estado de la memoria. Se cree que este efecto se debe a las propiedades antioxidantes del principio activo del extracto de ginkgo, llamado EGb 761. Hay algunas evidencias de que el ginkgo evita la formación de beta-amiloides en el cerebro, que es tanto uno de los síntomas del Alzheimer como una de sus posibles causas.

Los suplementos a partir de extracto de ginkgo pueden adquirirse sin receta y se comercializan como potenciadores de la memoria. Sin embargo, en un estudio realizado en el año 2002 en personas de edad avanzada con funciones cognitivas en buen estado, no se consiguieron demostrar sus propiedades benéficas sobre múltiples facetas del funcionamiento de la memoria. En la actualidad se está llevando a cabo un estudio en un número mucho mayor de personas de edad avanzada, con buenas funciones cognitivas, y administrando una dosis mayor de EGb 761.

Tanto en el caso de los suplementos herbales como en el de otros productos *nutricéuticos* (suplementos alimentarios con propiedades medicinales), yo recomiendo a mis pacientes que extremen las precauciones, ya que es imposible conocer con exactitud el contenido, la composición y la pureza de los artículos a la venta. Los resultados de los ensayos clínicos que se han realizado con estos productos emplean cantidades precisas de sus principios activos. Por lo tanto, es posible que el producto que compremos no tenga las propiedades deseadas, si presenta otra composición. Además, los datos que supuestamente sustentan la eficacia de estos productos no están sometidos a la rigurosidad científica necesaria para la comercialización de cualquier medicamento de venta con receta.

MEDICAMENTOS PARA LA DISFUNCIÓN COGNOSCITIVA LEVE

Los medicamentos que se emplean en el tratamiento de la enfermedad de Alzheimer sirven para mejorar la capacidad de atención, la concentración y el rendimiento de la memoria de las personas con disfunción cognoscitiva leve. También se ha demostrado que permiten interrumpir la progresión de la disfunción cognoscitiva leve a Alzheimer, al menos de forma temporal.

En un estudio realizado en 269 personas con disfunción cognoscitiva leve, el 61% de quienes recibieron donezepilo presentaron una mejora en el funcionamiento de su memoria, comparado con el 50% de las personas que recibieron un placebo. En otro estudio, realizado en la Clínica Mayo sobre 769 participantes con disfunción cognoscitiva leve, se observó que quienes recibieron donezepilo durante dieciocho meses tenían una menor probabilidad de desarrollar la enfermedad de Alzheimer que quienes recibieron vitamina E o un placebo. Sin embargo, al cabo de estos dieciocho meses, el porcentaje de pacientes cuya disfunción derivó en Alzheimer fue el mismo en los tres grupos del estudio. Se concluyó que el donepezilo consigue retrasar la aparición de la enfermedad de Alzheimer unos seis meses. En un estudio reciente se ha comprobado que con el tratamiento a base de rivastigmina se obtienen unos resultados similares.

Actualmente se están investigando las propiedades de los fármacos que normalmente se administran a los enfermos de Parkinson, con el objetivo de aumentar la concentración de dopamina (un neurotransmisor), para paliar los síntomas de la disfunción cognoscitiva leve. En los ensayos clínicos realizados hasta el momento se ha comprobado que uno de estos medicamentos, el piribedil (Trivastal), permite lentificar el deterioro cognitivo, al menos durante varios meses.

MEDICAMENTOS PARA LA DEMENCIA VASCULAR Y LA DEMENCIA MIXTA

En el tratamiento de estos tipos de demencia se siguen dos vías diferentes. En una primera aproximación se intenta evitar que se produzcan futuras lesiones cerebrales controlando los problemas vasculares, que son la causa de la demencia vascular y una de las causas de la demencia mixta. Por lo tanto, se intentan controlar la hipertensión, la hipercolesterolemia y la diabetes mediante dietas equilibradas, ejercicio físico y, si fuera necesario, medicamentos.

La segunda vía consiste en tratar los síntomas de la demencia vascular con los mismos medicamentos que se utilizan para tratar el Alzheimer. Los estudios realizados hasta el momento han demostrado que la galantamina, el donepezilo y la memantina proporcionan un alivio transitorio del deterioro de la memoria y las funciones cognitivas relacionadas en los pacientes con demencia vascular.

LOS REMEDIOS ALTERNATIVOS
PARA LAS PÉRDIDAS DE MEMORIA

Varios de mis colegas del Departamento de Medicinas Complementarias y Alternativas de la Universidad de Harvard llevaron a cabo un estudio sobre las terapias al margen de los tratamientos médicos aprobados oficialmente. Estos médicos sienten una gran curiosidad por las plantas, la medicina homeopática y los demás remedios de venta en herbolarios y también por las terapias «naturales» utilizadas por las diferentes culturas que están repartidas por el globo. Han investigado la acción de un gran número de las sustancias que, teóricamente, sirven para mejorar la memoria, pero hasta el momento no se ha conseguido probar su eficacia.

La mayor parte de estos productos ni siquiera llegan al sistema nervioso porque se descomponen durante la digestión. Si no llegan al sistema nervioso, es imposible que afecten a la memoria. La única excepción conocida es el *Ginkgo biloba*, que parece tener propiedades beneficiosas para las personas con Alzheimer, aunque no para quienes padecen pérdidas de memoria relacionadas con la edad.

Muchos otros extractos de plantas o suplementos podrían servir para mejorar la memoria, pero aún no disponemos de pruebas científicas que lo demuestren. En definitiva, nuestro consejo es que no gaste su dinero en algo que no ofrece ninguna garantía y que confíe en los tratamientos científicos que detallamos en este libro.

NUEVOS MEDICAMENTOS EN FASE DE ESTUDIO

Actualmente están en desarrollo varios compuestos diseñados para tratar la enfermedad de Alzheimer y otros trastornos de la memoria. Algunos de los compuestos con los que se está experimentando se basan en los mismos principios sobre los que funcionan los medicamentos disponibles en la actualidad. Sin embargo, muchos otros tienen unos mecanismos de acción totalmente diferentes y, teóricamente, podrían prevenir o incluso revertir los efectos de la demencia y los demás trastornos de la memoria. Todos deseamos que, en un futuro próximo, alguno de estos medi-

Los medicamentos para los trastornos de la memoria, ¿pueden servir para mejorar una memoria normal?

Si los medicamentos para el Alzheimer mejoran la memoria y las funciones cognitivas relacionadas en pacientes con esta enfermedad, ¿podrían aportar los mismos beneficios a personas con memoria en buenas condiciones? La respuesta es: quizá.

En el año 2001 se realizó un estudio en el que se comparó el rendimiento de un pequeño grupo de pilotos de líneas aéreas comerciales que tomaban donepezilo durante un mes con el de otro grupo que tomó un placebo. Los pilotos a los que se administró la medicación para el Alzheimer obtuvieron mejores resultados en los ejercicios de simulación de vuelo más complicados. Los investigadores concluyeron que los resultados demostraban que el donezepilo habría mejorado la memoria procedimental de los pilotos, así como su capacidad para retener información y llevar a cabo tareas complicadas.

No obstante, todavía sabemos muy poco sobre los efectos de los medicamentos para mejorar la memoria en personas sanas. Aunque hayan demostrado su inocuidad en personas con trastornos de la memoria, podrían causar efectos inesperados en los cerebros de las personas sanas si las consumieran durante largos períodos de tiempo. Además, estos medicamentos tienen un coste económico muy elevado y unos efectos secundarios muy fuertes, lo cual supone pagar un precio muy alto por un hipotético margen de beneficios.

Actualmente se están realizando varios estudios para comprobar si esta y otras medicinas son realmente «medicamentos inteligentes», capaces de ayudar a mejorar la memoria y el rendimiento cognitivo de cualquier persona. Incluso aunque demostraran su eficacia, su uso plantea muchas objeciones éticas y legales. Por ejemplo, si sólo pudieran comprarlos las personas más adineradas, ¿no tendrían sus hijos una ventaja injusta en el colegio o en el momento de competir por un puesto de trabajo cuando se hiciesen adultos? En el capítulo 11 comentamos alguno de los retos sociales que provoca el cada vez más frecuente uso de los potenciadores de la memoria.

camentos sea más eficaz que los fármacos de los que disponemos actualmente.

Las investigaciones orientadas al desarrollo de los nuevos medicamentos centran sus esfuerzos en dos niveles básicos de actuación:

el fisiológico y el conductual. El efecto fisiológico de un medicamento es su capacidad para alterar alguno de los rasgos biológicos subyacentes de una enfermedad. En otras palabras, si un investigador plantea la hipótesis de que un fármaco X consigue eliminar los betaamiloides, se intentará demostrar en un estudio que, en efecto, lo consigue. En el plano conductual se indaga la capacidad del medicamento para hacer que mejoren las funciones del paciente, valorando diversos aspectos de su vida diaria. Es decir, comprobar si el fármaco X consigue que las funciones de la memoria mejoren tal y como se refleja en las pruebas médicas.

Incluso aunque el fármaco X sea eficaz en un plano fisiológico, es posible que no produzca ningún cambio conductual. Este tipo de resultado puede hacer que el investigador se cuestione si el efecto del medicamento es verdaderamente relevante. Por otro lado, también podría significar que sería posible lograr un efecto sobre la conducta si las dosis fueran más altas o si el tratamiento se administrara en fases más tempranas de la enfermedad.

Los medicamentos para el tratamiento del Alzheimer y de los demás trastornos de la memoria pueden clasificarse en tres categorías, basadas en sus efectos y en los grupos de población a los que benefician. Muchos de los medicamentos que están en fase de estudio encajan en más de una categoría. A continuación detallamos en qué estado se encuentran actualmente las investigaciones.

ESTABILIZACIÓN O MEJORA DE LOS SÍNTOMAS

En esta categoría se incluyen los medicamentos que afectan únicamente a los síntomas de los trastornos de la memoria y no a sus causas. Los fármacos que ya han sido aprobados por los organismos oficiales (los inhibidores de la colinesterasa y la memantina) pertenecen a esta categoría. Están dirigidos a enfermos con Alzheimer, demencia vascular y mixta o disfunción cognoscitiva leve. Otros compuestos en fase de estudio son:

• *La huperzina A*. Se trata de un inhibidor de la colinesterasa de procedencia natural, derivado de una planta original de

China. En este país se utiliza de forma habitual para tratar el Alzheimer. Es posible que la huperzina A sea más potente que el donepezilo, y que tenga algún efecto neuroprotector. El Instituto Nacional de la Tercera Edad de Estados Unidos patrocina un ensayo clínico destinado a comprobar su seguridad y eficacia.

• *Los potenciadores de los receptores AMPA (las ampakinas).* Las ampakinas aceleran la comunicación entre neuronas. Se está investigando si también podrían funcionar como amplificadores, haciendo que las neuronas sean más receptivas a la información entrante y, por lo tanto, puedan codificar mejor los datos en la memoria. Se han realizado varios ensayos clínicos a pequeña escala con un medicamento que contiene ampakinas (Ampalex, también llamado CX516), en los que se ha conseguido demostrar que su uso produce los efectos fisiológicos deseados y que no representa riesgo para la salud. No obstante, aún no sabemos si sus efectos son tan fuertes como para conseguir que mejore el funcionamiento de la memoria. Actualmente se está llevando a cabo un estudio más amplio sobre este medicamento.

• *Los moduladores de los canales del calcio.* Los moduladores de los canales del calcio son un nuevo tipo de fármacos, diseñados para intentar reducir la influencia que tiene el calcio sobre las neuronas. (No confundir los *moduladores* de los canales del calcio con los *bloqueadores* de los canales del calcio utilizados en el tratamiento de las anginas de pecho, la hipertensión y las arritmias.) Aunque los daños menores producidos por el calcio son un efecto habitual del envejecimiento, un exceso de esta sustancia puede llegar a afectar gravemente a las neuronas y provocar la aparición de trastornos de la memoria. Actualmente se están realizando varios ensayos clínicos para comprobar la eficacia de los moduladores de los canales del calcio en personas con Alzheimer, disfunción cognoscitiva leve y demencia vascular. En teoría, estos compuestos deberían regular la cantidad de calcio que circula por los canales neuronales, permitiendo que sea la suficiente como para que el cerebro funcione con normalidad, pero evitando que alcance niveles con efectos neurotóxicos. Si este fármaco funciona, permitirá que las neuronas mantengan una capacidad de respuesta óptima a los datos y a las señales entrantes.

- *Los potenciadores del AMP cíclico.* El adenosín monofosfato cíclico (AMPc) es un tipo de neurotransmisor clasificado como mensajero químico secundario. El AMP cíclico activa la proteína CREB, que es la que estimula la activación de los genes que, a su vez, estimulan la liberación de otros neurotransmisores implicados en la consolidación y en la recuperación de los recuerdos. Varios medicamentos en fase de estudio han sido diseñados para aumentar los niveles de AMPc en personas con Alzheimer y disfunción cognoscitiva leve.
- *La nicotina.* Fumar es incuestionablemente perjudicial para la memoria y para muchos aspectos de la salud. Sin embargo, se ha demostrado que la nicotina tiene propiedades similares a las de la acetilcolina, un neurotransmisor esencial para el buen funcionamiento de la memoria cuya concentración disminuye durante la enfermedad de Alzheimer. Actualmente se está realizando en el Instituto Nacional de la Tercera Edad de Estados Unidos un estudio para evaluar si la nicotina (en parches) proporciona alivio de sus síntomas cognitivos a los pacientes con disfunción cognoscitiva leve o si consigue lentificar la progresión de la disfunción a Alzheimer.

MODIFICACIÓN DE LA ENFERMEDAD

Los medicamentos incluidos en esta categoría han sido diseñados para combatir las neuropatologías subyacentes de la enfermedad de Alzheimer. En teoría consiguen detener el avance de la enfermedad, previenen la aparición de futuros síntomas, o, incluso, revierten los síntomas que ya han aparecido. Los principales objetivos de las estrategias de modificación de la enfermedad son las dos características neuropatológicas esenciales del Alzheimer: las proteínas betaamiloides, que forman las placas amiloides y las proteínas tau, que forman los ovillos neurofibrilares.

- *Alzhemed*. Este compuesto ha sido diseñado para que se una a los betaamiloides mientras éstos se encuentran en su forma soluble, evitando así que adopten la forma «pegajosa» que hace formar las placas. El Alzhemed también tiene efectos antiinflamatorios. Los resultados parciales de un ensayo clínico multicéntrico comenzado en el año 2004 hacen suponer que el Alzhemed consigue estabilizar los síntomas en casos de Alzheimer leve o moderado.

- *Clioquinol*. El clioquinol (iodoclorhidroxiquina) es un antibiótico que se comercializa desde hace bastante tiempo. Recientemente se ha descubierto que podría tener propiedades adecuadas para el tratamiento del Alzheimer. Hay indicios de que el Clioquinol extrae los metales pesados (zinc y cobre) de las proteínas betaamiloides y, por lo tanto, descompone las placas amiloides. También se cree que reduce la producción de peróxido de hidrógeno, un compuesto neurotóxico.

- *La vacuna del Alzheimer*. Las vacunas se administran para provocar la producción de unas proteínas especiales, llamadas anticuerpos, que son nuestras defensas naturales frente a las sustancias patógenas. Hay varias razones que invitan a creer que sería posible crear una vacuna para la enfermedad de Alzheimer. La principal de todas ellas es que se ha demostrado que nuestro sistema inmunitario contiene anticuerpos específicos para combatir la proteína betaamiloide. En un estudio de referencia del año 1999 se consiguió desarrollar una vacuna inyectable (la AN-1792), que eliminaba los síntomas del Alzheimer a ratones genéticamente modificados para que tuvieran concentraciones altas de las proteínas betaamiloides humanas. En el año 2001 se inició un ensayo clínico con 372 participantes para evaluar su eficacia y seguridad. El estudio fue interrumpido en enero de 2002, después de que cuatro pacientes desarrollaran encefalitis, una reacción inflamatoria posiblemente letal. Después de la interrupción del estudio, el 6% de los participantes desarrolló síntomas de encefalitis o de patologías relacionadas con ésta. Una de las personas que contrajo encefalitis falleció debido a una causa no relacionada (una embolia pulmonar). No obstante, su autopsia cerebral reveló que la AN-1792 había conseguido eliminar la mayor parte de los rasgos patológicos del Alzheimer, igual que durante la investigación con ratones. Aunque los investigadores han de ser cautos respecto a sacar conclusiones de un solo caso, este descubrimiento confirma la existencia de una fuerte reacción inmunológica altamente eficaz en el nivel fisiológico. En el año 2003, un equipo de investigadores de Suiza, que había participado en este ensayo clínico, comunicó que el análisis de sus 30 pacientes indicaba que la vacuna había conseguido lentificar la progresión de la enfermedad. Una vez más, debemos tomar ciertas precauciones antes de extraer conclusiones precipitadas de estos datos. Sin embargo, estos resultados han creado un clima de optimismo y varios equipos de investigación están trabajando actualmente para desarrollar la segunda generación de los métodos de inmunización «pasivos».

• *Los medicamentos de la familia del litio.* El litio, utilizado durante mucho tiempo para el tratamiento del trastorno bipolar (una enfermedad maníaco-depresiva), está siendo estudiado por sus posibles propiedades para el tratamiento del Alzheimer. En los estudios con animales se ha comprobado que el litio bloquea una enzima (la glucógeno sintasa quinasa) que es básica para la formación de las placas betaamiloides. Asimismo, se supone que el litio también interfiere en la producción de la proteína tau, otro de los rasgos distintivos de la enfermedad de Alzheimer. De todos modos, incluso aunque tenga las mismas propiedades en los seres humanos, es dudoso que el litio llegue a ser considerado un tratamiento práctico para combatir el Alzheimer, ya que produce un gran número de efectos adversos a los que las personas de edad avanzada son muy vulnerables. No obstante, cabe la posibilidad de que se pueda desarrollar algún medicamento que consiga inhibir la evolución del Alzheimer siguiendo los mecanismos de acción del litio.

• *Los inhibidores de la secretasa.* La gamma-secretasa y la beta-secretasa son dos enzimas que separan el segmento betaamiloide de las proteínas, haciendo que puedan comenzar el proceso de formación de las placas betaamiloides. Los investigadores han centrado su atención en los compuestos que inhiben la acción de estas enzimas, intentando desarrollar agentes que puedan modificar el desarrollo de la enfermedad. Sin embargo, aún no hay ninguno de ellos en fase avanzada de estudio.

• *La fenserina*. La fenserina es un inhibidor de la colinesterasa que se encuentra en una fase de estudio avanzada. Está diseñada para tener unos efectos, tanto sintomáticos como modificadores de la enfermedad, sobre el Alzheimer, que permitirían lentificar la progresión de la enfermedad. Los investigadores han informado que, hasta el momento, la fenserina ha demostrado ser capaz de inhibir la formación de la proteína precursora de la proteína amiloide.

PREVENCIÓN DE LA ENFERMEDAD

El objetivo de la prevención es evitar la aparición de la enfermedad y de sus síntomas en aquellas personas de las que se presume que tienen un alto riesgo de llegar a desarrollar Alzheimer o disfunción cognoscitiva leve. Para tener éxito en este empeño, resulta tan necesario un método fiable o un marcador que permita identificar a las personas con más probabilidades de desarrollar la enfermedad, como tratamientos que realmente consigan evitar que el paciente sea afectado de ésta.

Aunque sabemos que las patologías de la enfermedad de Alzheimer comienzan a actuar décadas antes de que los síntomas aparezcan, todavía no disponemos de ningún marcador previo a estos síntomas. Hasta el momento, el indicador más sensible y eficaz para prever la aparición del Alzheimer es el rendimiento en las pruebas neuropsicológicas. Se está estudiando la validez de pequeños cambios en los estudios de imagen como posibles indicadores. En conclusión, el tratamiento de prevención del Alzheimer debería comenzar cuando las personas en riesgo tienen entre veinte y cuarenta años de edad. Actualmente se están realizando estudios orientados a comprobar si las siguientes sustancias pueden impedir la aparición del Alzheimer o, en algunos casos, pueden modificar la progresión de la enfermedad.

- *Los antioxidantes.* Las vitamina E y las vitamina C tienen propiedades antioxidantes, y se ha comprobado que la vitamina E alivia los síntomas de la enfermedad de Alzheimer. En la actualidad se está realizando un estudio patrocinado por el Instituto Nacional de la Tercera Edad y el Instituto Nacional para el Cáncer de Estados Unidos, con el que se intenta determinar si la combinación de vitamina E y selenio es útil para la prevención.

- *Los concentrados vitamínicos.* El Instituto Nacional de la Tercera Edad de Estados Unidos patrocina un ensayo clínico multicéntrico diseñado para evaluar la eficacia de los suplementos concentrados de folato y vitaminas B_6 y B_{12} en cuanto a lentificar el avance de la enfermedad de Alzheimer. Estas proteínas permiten moderar la concentración sanguínea de homocisteína, un aminoácido que puede dañar los vasos sanguíneos más delicados, haciendo que el afectado sea más vulnerable a los trastornos cerebrovasculares y al Alzheimer. En el capítulo 5 citamos la homocisteína como uno de los posibles factores que contribuyen a la aparición de la enfermedad de Alzheimer y de otros tipos de demencia.

- *Los fármacos antiinflamatorios no esteroideos (AINE).* Los AINE son analgésicos como el ibuprofeno (Advil, Motrin y otros), el naproxeno (Aleve, Anaprox y otros) y el celecoxib (Celebrex). Se están estudiando las posibles aplicaciones de estos medicamentos en la prevención del Alzheimer. Los científicos creen que, como estos fármacos reducen las inflamaciones que se producen en cualquier parte del cuerpo, también podrían reducir la inflamación de las neuronas asociada a la enfermedad de Alzheimer. Los estudios con animales han proporcionado algunos resultados esperanzadores, ya que se ha demostrado que los AINE interfieren en la formación de las placas betaamiloides. Sin embargo, el conjunto de los resultados es contradictorio. En los estudios epidemiológicos llevados a cabo en miles de participantes se ha comprobado que el uso frecuente de los AINE se asocia a una menor incidencia futura de la enfermedad de Alzheimer. Se ha estudiado la eficacia de dos de ellos, el rofecoxib (Vioxx) y el naproxeno, en el tratamiento del Alzheimer, pero ninguno redujo los síntomas ni lentificó la progresión de la enfermedad. Después de este estudio se retiró el rofecoxib del mercado porque produjo efectos adversos muy peligrosos a nivel cardiovascular, como infartos de miocardio o accidentes cerebrovasculares. Es más, en el año 2004 tuvo que suspenderse un ensayo clínico de grandes dimensiones, patrocinado por los Institutos Nacionales de Salud de Estados Unidos, sobre las propiedades del naproxeno y del celecoxib para prevenir el Alzheimer. Ambos medicamentos presentaron efectos adversos cardiovasculares similares a los del rofecoxib. Por lo tanto, aún no sabemos si los AINE son realmente eficaces en la prevención del Alzheimer.

• *Las estatinas*. La atorvastatina (Lipitor), la simvastatina (Zocor) y la pravastatina (Pravachol) se incluyen dentro de una clase de medicamentos reductores del colesterol llamados estatinas. Varios estudios preliminares han demostrado que la administración de estatinas reduce el riesgo de Alzheimer en alrededor de un 70%, además de prevenir la aparición de la disfunción cognoscitiva leve. Por el contrario, en un estudio publicado por la Universidad de Columbia en el año 2004, se aseguraba que las personas que habían sido tratadas con estatinas para controlar la hiperlipidemia, no presentaban un menor riesgo de padecer Alzheimer o demencia vascular. En un estudio realizado en Alemania en 44 pacientes con Alzheimer y niveles normales de colesterol se evaluaron los efectos de la simvastatina sobre las proteínas betaamiloides. Al cabo de veintiséis semanas, los pacientes con Alzheimer leve experimentaron una reducción significativa de la concentración de betaamiloides en el líquido cefalorraquídeo. Sin embargo, las personas con Alzheimer moderado o grave no experimentaron ningún cambio en la concentración de betaamiloides en el líquido cefalorraquídeo. Actualmente se está llevando a cabo un estudio más amplio, patrocinado por el Instituto Nacional de la Tercera Edad de Estados Unidos para evaluar definitivamente la eficacia de la simvastatina en la lentificación de la progresión de los síntomas del Alzheimer. Es de suponer que las estatinas podrán ser de ayuda en el tratamiento o en la prevención de la enfermedad de Alzheimer. Disponemos de abundantes pruebas de la relación entre el colesterol y la formación de las placas betaamiloides. Por ejemplo, las personas con el alelo e4 del gen ApoE tienen mayores probabilidades de desarrollar hipercolesterolemia y Alzheimer. Hasta el momento no sabemos lo suficiente sobre la eficacia de las estatinas en el tratamiento de la enfermedad de Alzheimer como para recomendar su consumo para prevenir éste. Pero, de momento, si usted tiene el colesterol elevado y está tomando estatinas para regularlo, sepa que es posible que consiga un doble beneficio: reducir su colesterol y asimismo su riesgo de padecer un trastorno de la memoria.

• *La terapia con estrógenos.* Aunque en un estudio reciente se ha demostrado que la terapia hormonal sustitutiva aumenta el riesgo de sufrir demencia en mujeres sanas posmenopáusicas, también es cierto que hay algunas evidencias de que la terapia con estrógenos puede resultar útil en el tratamiento del Alzheimer consolidado. Actualmente se está realizando un estudio sobre las propiedades del raloxifeno (Evista), un compuesto similar a los estrógenos que se prescribe para combatir la osteoporosis, y se ha descubierto que, al contrario que la terapia hormonal sustitutiva, no se asocia a un aumento del riesgo de padecer cáncer u otras enfermedades. El objetivo del estudio es determinar si el raloxifeno proporciona una mejora de las funciones cognitivas y de las habilidades necesarias para la vida diaria en mujeres con la enfermedad de Alzheimer. En otro ensayo clínico, patrocinado por los Institutos Nacionales de Salud de Estados Unidos, se intenta evaluar si la terapia con estrógenos, sola o en combinación con progestina (una hormona sintética), es capaz de mejorar la memoria y las funciones cognitivas relacionadas en mujeres posmenopáusicas con Alzheimer grave o moderado.

CÓMO MEJORAR LA MEMORIA SIN MEDICAMENTOS

Para mejorar la memoria existen diversos métodos prácticos, aparte de los tratamientos farmacológicos. Algunos de ellos son eficaces para personas con disfunción cognoscitiva leve u otros trastornos de la memoria, así como para personas con pérdidas de memoria relacionadas con la edad. En los capítulos 9 y 10 describiremos varias formas de proteger y mejorar la memoria.

Capítulo 9

Prevención y decisión: Métodos para mejorar la memoria

La edad no es importante; nunca es tarde para tomar las medidas oportunas para prevenir las pérdidas de memoria. En este capítulo detallaremos trece métodos a fin de conseguir y mantener una memoria óptima. Algunos de ellos son hábitos saludables que permiten reducir el riesgo de padecer enfermedades que puedan afectar al correcto funcionamiento de la memoria, así como las probabilidades de necesitar tomar, en un futuro, medicamentos con posibles efectos adversos para la memoria. Otros son métodos para fortalecer el cerebro y potenciar las funciones cognitivas. Y lo mejor de todo es que ni son difíciles de realizar ni conllevan un dispendio.

- Practicar ejercicio físico con regularidad
- Dejar de fumar
- Tomar vitaminas
- Comprometerse con otras personas
- Seguir una dieta equilibrada
- Intentar dormir bien
- Aprender cosas nuevas
- Moderar el consumo de bebidas alcohólicas
- Disfrutar de la vida
- Controlar el estrés
- Organizar nuestros pensamientos, organizar nuestra vida
- Tomar las precauciones necesarias para proteger nuestro cerebro

• Mantener una actitud positiva

La validez de los métodos descritos en este capítulo ha sido certificada en diversos estudios médicos. Todos ellos son eficaces para evitar las pérdidas de memoria relacionadas con la edad y para reducir las probabilidades de desarrollar trastornos de la memoria.

PRACTICAR EJERCICIO FÍSICO CON REGULARIDAD

Un cuerpo sano es fundamental para tener una mente sana. Las personas que practican algún ejercicio físico con regularidad tienen más posibilidades de mantener sus funciones cognitivas en buen estado hasta más allá de los setenta u ochenta años de edad. No es necesario correr maratones ni quedar exhausto, pero es conveniente hacer que el corazón bombee más rápido y provocar el sudor. Los participantes en el estudio de la Fundación MacArthur sobre la vejez en Estados Unidos que obtuvieron mejores resultados en las pruebas cognitivas fueron aquellos que practicaban algún ejercicio físico prácticamente a diario. En un estudio realizado en el año 2002 en la Facultad de Medicina de la Universidad Case Western Reserve se llegó a la conclusión de que las personas que pasean a diario o que tienen alguna afición que requiere algún tipo de esfuerzo físico (como la jardinería), tienen un riesgo menor de desarrollar la enfermedad de Alzheimer que las personas sedentarias.

¿Por qué influye el ejercicio físico en la salud del cerebro y en las funciones cognitivas? Los investigadores de la Universidad de Illinois opinan que esta conexión se debe a varios factores, aunque todos ellos apuntan a la capacidad del ejercicio físico de aumentar la plasticidad del cerebro: incrementa el crecimiento de vasos capilares alrededor de las neuronas, lo que aumenta la aportación de oxígeno y nutrientes procedentes de la sangre a las neuronas; incrementa la densidad sináptica y estimula la aparición de efectos colinérgicos positivos. Estos resultados fueron publicados en dos estudios diferentes durante el año 2004.

En el primero de estos estudios, realizado en 41 adultos, se observó que los participantes en buena forma cardiovascular (medida según la aportación de oxígeno durante la actividad aeróbica) obtenían mejores resultados en las pruebas de atención más complejas, y que sus RMNf mostraban una mayor activación en las regiones cerebrales implicadas. En el segundo estudio se asignó de forma aleatoria a 29 participantes de entre cincuenta y ocho y setenta y siete años de edad, a dos grupos. Los integrantes de uno de ellos realizaron ejercicios aeróbicos y, los del otro, estiramientos y tonificación muscular. Seis meses después, los participantes asignados al grupo de ejercicios aeróbicos presentaban un mejor estado cardiovascular (demostrado por el aporte de oxígeno), un mayor rendimiento en las pruebas de atención y mayores niveles de activación en las RMNf.

La actividad física también ha sido relacionada con una reducción de las probabilidades de padecer demencia. Un equipo de investigadores de Hawai demostró que las personas ancianas que más distancia recorrían andando, en su vida diaria, tenían alrededor de la mitad de probabilidades de sufrir demencia que las que recorrían menores distancias. Otros investigadores de la Universidad de Harvard publicaron unas conclusiones similares a partir de los datos obtenidos en el *Nurses' Health Study*, en el que se hace un seguimiento a 120.000 mujeres estadounidenses desde 1976.

En consulta aconsejo a mis pacientes que hagan que el ejercicio físico pase a formar parte de su rutina diaria. Muchos de ellos protestan, me dicen que les resulta muy complicado encontrar un rato para ejercitarse por culpa de su trabajo y sus obligaciones familiares. Mi respuesta es que, por supuesto, algunos días resultará imposible. Pero la frase «Estoy muy ocupado» no debe convertirse en una excusa para que nuestra vida sea sedentaria. A continuación proponemos algunas maneras de comenzar a ser un poco más activos físicamente:

• Siempre que sea posible, ir andando o en bicicleta en vez de coger el coche. Si se va andando, procurar que sea a buen paso.

- Pasear media hora al día, por la tarde o durante la pausa de la comida del trabajo. Para mantener la motivación, pedir al cónyuge o a un amigo que nos acompañe.
- Usar las escaleras en vez del ascensor.
- Pedir a un entrenador profesional que diseñe una rutina de ejercicios para realizar en el hogar.
- Plantar un jardín.
- Apuntarse a un gimnasio.
- Nadar con regularidad si se tiene acceso a una piscina o a una playa.
- Practicar un deporte que requiera esfuerzo físico, como el tenis, el atletismo o el ciclismo.

Si usted no ha practicado ningún ejercicio recientemente, consulte a su médico antes de empezar a hacerlo.

DEJAR DE FUMAR

Los estudios demuestran que los fumadores no recuerdan tan bien como los no fumadores. No es un dato sorprendente, si consideramos que fumar es uno de los factores de riesgo para desarrollar enfermedades cardiovasculares y otras afecciones que contribuyen, tanto directa como indirectamente, a las pérdidas de memoria. Fumar, asimismo, daña los pulmones y los vasos sanguíneos que llegan al cerebro, por lo que reduce la cantidad de oxígeno que llega a las neuronas.

Los investigadores de los servicios de salud pública del Reino Unido han realizado un seguimiento de más de 5.000 personas nacidas en 1946, evaluando sus costumbres respecto al tabaco en varias ocasiones. En 1999, cuando los participantes tenían cincuenta y tres años de edad, los investigadores exploraron la relación entre fumar y el rendimiento en las pruebas cognitivas. Aunque se agruparon los resultados por sexos, por el rendimiento de los participantes cuando tenían quince años, por su nivel académico y por sus puestos de trabajo, los investigadores descubrieron que el mejor indicador del deterioro de la memoria semántica y de la velocidad de procesamiento visual era la cualidad de ser fumador. También observaron que las personas que habían dejado de fumar tenían mejores resultados que las que seguían haciéndolo.

En un estudio europeo más amplio se observaron resultados similares. Los fumadores presentaron un deterioro más rápido de sus funciones cognitivas que los no fumadores. Los investigadores conjeturaron que fumar afecta a las funciones cognitivas favoreciendo la aparición de lesiones cerebrovasculares propias de la ateroesclerosis y la hipertensión.

TOMAR VITAMINAS

Recomiendo a mis pacientes que tomen vitamina C porque la mayor parte de las investigaciones indican que los antioxidantes protegen frente a las pérdidas de memoria debidas al envejecimiento, la demencia y la enfermedad de Alzheimer. Los antioxidantes combaten la formación de radicales libres, unas moléculas dañinas que el organismo produce de forma natural y que lesionan los tejidos sanos, incluido el tejido cerebral. Sabemos que los radicales libres aceleran el proceso de envejecimiento y, por lo tanto, es razonable pensar que fomentan las pérdidas de memoria relacionadas con la edad. También es probable que los radicales libres contribuyan al desarrollo de la enfermedad de Alzheimer, ya que en las autopsias de los cerebros de los enfermos de Alzheimer se han encontrado lesiones oxidativas.

En algunos estudio se ha sugerido que las vitaminas E y C son beneficiosas para el tratamiento de las pérdidas de memoria relacionadas con la edad. Un estudio publicado en la revista *Archives of Neurology* (2002) concluía que la vitamina E puede ayudar a lentificar la progresión del deterioro mental relacionado con la edad, pero el resto de antioxidantes no. Los investigadores estudiaron a 2.889 participantes (cuya edad media era de setenta y cuatro años), considerando sus dietas y el uso de suplementos vitamínicos y minerales, además de evaluando los cambios en sus funciones cognitivas a lo largo de una media de tres años. Las personas que consumieron más vitamina E presentaron un 36% menos de deterioro cognitivo que el resto.

También hay indicios de que las vitaminas C y E, tomadas simultáneamente, podrían servir como protección frente a la demencia. En un estudio realizado en 3.385 estadounidenses de origen japonés, cuyas edades estaban comprendidas entre los setenta y uno y los noventa y tres años, se observó que los que consumían regularmente suplementos de vitaminas C y E tenían un 88% menos de incidencia de demencia vascular. El índice de demencia más bajo se encontró entre quienes habían tomado vitaminas C y E durante más tiempo, lo cual indica que su consumo a largo plazo es importante para ayudar a conservar las funciones cognitivas durante más tiempo.

En su conjunto, los indicios de la capacidad de los suplementos antioxidantes para la prevención del Alzheimer son confusos. En un estudio realizado en el año 2003 en 980 personas, no se encontró relación alguna entre el consumo de antioxidantes y el posterior desarrollo de la enfermedad de Alzheimer. Sin embargo, un estudio con más participantes, publicado en el año 2004 en la revista *Archives of Neurology*, afirmaba que las personas que tomaban suplementos de vitaminas C y E tenían menos probabilidades de padecer Alzheimer que quienes no lo hacían. En este estudio, se encuestó a 4.740 participantes mayores de sesenta y cinco años sobre su consumo vitamínico y, posteriormente, se les practicó un reconocimiento médico en busca de signos de Alzheimer u otras demencias. La prevalencia (número de casos de una enfermedad en una población dada *en un momento concreto*) del Alzheimer fue un 78% menor en las personas que habían tomado suplementos de vitaminas C y E que en las que no. La incidencia (índice de aparición de nuevos casos de una enfermedad en una población *durante un período de tiempo*) de la enfermedad de Alzheimer en este grupo durante el estudio fue un 64% menor.

Si usted tiene problemas de coagulación (debidos a una deficiencia de vitamina K o al consumo de fármacos anticoagulantes, por ejemplo), debería consultar a su médico antes de empezar a tomar vitamina E, ya que puede interferir en la coagulación sanguínea.

Como mencionamos en el capítulo 5, las vitaminas B (B_6, B_{12} y el ácido fólico) son importantes para la protección de las neuronas y para la descomposición de la homocisteína, un aminoácido de la sangre que, en grandes concentraciones, representa un gran riesgo para el desarrollo de cardiopatías, accidentes cerebrovasculares y enfermedades vasculares periféricas. Lo habitual es que los niveles apropiados de vitamina B se alcancen por medio de una dieta equilibrada, aunque, a medida que envejecemos, las deficiencias suelen ser más comunes. Resulta conveniente controlar los niveles de homocisteína con ayuda médica, así como corregir las deficiencias de vitamina B con suplementos, si fuera necesario.

COMPROMETERSE CON OTRAS PERSONAS

Es obvio que mantener relaciones positivas con la familia y los amigos es emocional y socialmente provechoso. Pero también es bueno para la salud y beneficioso para el cerebro. Los resultados del estudio realizado por la Fundación MacArthur en personas de edad avanzada indicaban que el apoyo emocional hace mejorar el rendimiento mental.

Un estudio canadiense publicado en el año 2003 desveló el efecto del compromiso social para las funciones cognitivas de un grupo de personas mayores de sesenta y cinco años. Con el paso del tiempo, los investigadores descubrieron que los vínculos sociales eran uno de los mejores indicadores del estado de las funciones cognitivas. Es decir, la probabilidad de mantener las funciones cognitivas en buen estado era mayor en las personas que tenían encuentros sociales con más frecuencia, y la probabilidad de perder capacidades cognitivas era mayor entre las personas desarraigadas. La conclusión de los investigadores fue que la escasez de vínculos y de actividades sociales representaban un factor de riesgo para el deterioro cognitivo.

Hay un buen número de indicios que invitan a creer que una vida social activa ayuda a prevenir las pérdidas de memoria. Los compromisos con otras personas aumentan las probabilidades de verse implicado en actividades estimulantes para el intelecto. Más adelante, en este mismo capítulo, plantearemos la relación entre la formación continuada y la conservación de las funciones cognitivas. Las relaciones sociales también permiten amortiguar el impacto de los acontecimientos estresantes, reduciendo así los efectos negativos del estrés sobre el cerebro.

Es posible que usted se pregunte si *todos* los vínculos sociales son beneficiosos. En otras palabras, si es conveniente hacer las paces con ese familiar tan desagradable o con ese vecino tan molesto sólo porque puede resultar beneficioso para la salud. La respuesta es no, a menos que creamos que esa relación merece la pena. Las mejores relaciones son aquellas que mantenemos con las personas con las que tenemos alguna afinidad, las que nos hacen sentir bien.

SEGUIR UNA DIETA EQUILIBRADA

Cuando recomiendo a mis pacientes que sigan una dieta equilibrada, me doy cuenta de que casi todos ellos han escuchado el mismo consejo con anterioridad. No obstante, cuando les comento las razones por las que algunos alimentos son saludables para el cerebro (y otros perjudiciales), mis pacientes suelen prestar más atención.

El estupendo libro de Walter Willet *Eat, Drink and Be Healthy* es una guía completa y precisa de lo que hace falta para seguir una dieta saludable. El doctor Willet deconstruye la pirámide alimentaria oficial y la transforma en su pirámide de la alimentación saludable. Yo mismo tengo una copia de esta pirámide colocada en la puerta de mi nevera.

Debemos comer muchas frutas y verduras, así como muchos cereales integrales. Las grasas las podemos obtener del pescado y de los frutos secos. Todos estos alimentos ayudan a mantener los niveles de colesterol dentro de los límites adecuados y a que las arterias estén limpias. Así, reduciremos los riesgos de padecer enfermedades vasculares y accidentes cerebrovasculares, incluso aquellos accidentes asintomáticos que pueden llegar a dañar las funciones cerebrales por acumulación. Las frutas y las verduras también aportan otros beneficios: la mayor parte contiene antioxidantes, que nos protegen frente a las lesiones oxidativas relaciona-

Alimentos para el cerebro

Algunos alimentos protegen la memoria al ayudar a la prevención de enfermedades que debilitan el cerebro, mientras que otros pueden dañar la memoria al fomentar la aparición de esas enfermedades.

- *Alimentos que debemos consumir.* Es conveniente aumentar el consumo de frutas, verduras, cereales integrales, frutos secos y pescado, ya que ayudan a reducir el riesgo de padecer cardiopatías, accidentes cerebrovasculares y diabetes.
- *Alimentos que no debemos consumir.* Se recomienda reducir al mínimo el consumo de carne roja, leche entera y derivados, y alimentos precocinados o en conserva. Estos alimentos hacen que el riesgo de padecer hipercolesterolemia, cardiopatías y accidentes cerebrovasculares aumente.

das con la edad, y complejos vitamínicos del grupo B. Las vitaminas B también se encuentran en los alimentos integrales, en el arroz, los frutos secos, la leche, la carne y el pescado.

Asimismo, recomiendo reducir al mínimo el consumo de alimentos que contienen grasas saturadas o grasas trans, ya que favorecen la aparición de la ateroesclerosis y la acumulación de colesterol y lípidos en las paredes arteriales. Los sedimentos, o placas, de grasa hacen que los vasos sanguíneos se estrechen y que puedan llegar a provocar accidentes cerebrovasculares, si se desprenden de la arteria y circulan por la corriente sanguínea hasta bloquear uno de los vasos sanguíneos más pequeños. La carne roja y los derivados lácteos contienen una gran cantidad de grasas saturadas. Muchos de los alimentos precocinados y de los aperitivos disponibles en el mercado contienen aceites parcialmente hidrogenados y, por lo tanto, suelen ser abundantes en grasas trans.

Finalmente, a fin de que nuestra dieta sea saludable, debemos evitar consumir una cantidad excesiva de calorías para mantener nuestro peso dentro de los parámetros normales. Las personas con sobrepeso tienen muchas más probabilidades de sufrir enfermedades relacionadas con la edad, como la diabetes del tipo 2 y la hipertensión, que son factores de riesgo para el desarrollo de enfermedades cerebrovasculares.

INTENTAR DORMIR BIEN

La consolidación de la memoria depende de la calidad y de la cantidad de sueño. Aunque la cantidad de sueño necesaria varía en cada persona, la mayor parte de los adultos necesitan una media de siete horas y media por noche. Las investigaciones indican que la cantidad mínima de sueño que permite a la mayor parte de las personas estar lo suficientemente atentas al día siguiente es de seis horas. La calidad del sueño es tan importante como la cantidad. Si usted sufre problemas respiratorios relacionados con el sueño, como la apnea obstructiva del sueño, podrá dormir diez horas y seguir sintiéndose cansado al despertar. Si sospecha que padece apnea del sueño (quizá porque le hayan dicho que ronca), es conveniente que visite a su médico para recibir tratamiento.

El insomnio (la falta crónica de sueño) es el trastorno del sueño más habitual y se hace más común a medida que envejecemos. Aproximadamente una de cada tres personas experimenta una fase de insomnio al menos una vez en su vida. No obstante, podemos tomar unas cuantas medidas para ayudar a que nuestro sueño sea más placentero. Recomiendo las siguientes:

- Establezca y mantenga unos horarios y unas rutinas de sueño. Procure acostarse y levantarse a la misma hora, siempre que sea posible. Esta regularidad ayuda a mucha gente a dormirse y a despertarse con más facilidad.
- Intente hacer ejercicio por la mañana. El ejercicio intenso practicado pocas horas antes de acostarse puede interferir con el sueño. Por el contrario, practicar ejercicio por la mañana aumenta la capacidad de atención cuando más se necesita, es decir, al inicio del día, y facilita que durmamos bien por la noche.
- Prepare el escenario. Ajuste la temperatura del dormitorio; para la mayoría de las personas, la temperatura ideal se encuentra entre los 15 y los 18 °C. Ajuste la luz (cuanto más oscuro, mejor). A algunas personas les beneficia el uso de antifaces o de persianas. Si usted suele agitarse por cualquier pequeño ruido, pruebe a utilizar un generador de ruido blanco

o un ventilador a baja velocidad para enmascarar los otros sonidos. Otra alternativa son los numerosos álbumes existentes de música relajante o de sonidos de la naturaleza, como los que incluyen gorjeos de pájaros, sonidos del mar o ruidos de tormenta.

- Evite el café y otras fuentes de cafeína (incluida en muchas clases de té, algunos refrescos, varios analgésicos y en ciertas bebidas de cacao solubles) después de la hora del almuerzo. El efecto estimulante de la cafeína puede llegar a durar varias horas, interfiriendo en nuestra capacidad para dormirnos por la noche. La cafeína es un diurético, por lo que también aumenta nuestra frecuencia urinaria.

- Limite el consumo de bebidas alcohólicas. El alcohol puede interrumpir la actividad eléctrica cerebral y alterar la arquitectura normal del sueño, eliminando la fase de movimientos oculares rápidos.

- Evite o limite las siestas. Las siestas pueden llegar a interrumpir el ciclo normal del sueño al evitar que nos sintamos cansados por la noche, cuando realmente lo necesitamos. Si le hace falta echarse una siesta, procure que no dure más de media hora.

- Intente tomar alguna bebida caliente antes de acostarse, como una infusión de manzanilla o un vaso de leche caliente (preferiblemente desnatada). La leche contiene L-triptófano, un aminoácido relajante.

- No se obligue a dormir si no tiene sueño, sólo conseguirá revolverse y agitarse en la cama. Si sigue despierto después de veinte minutos de haberse acostado, salga de la cama y realice alguna actividad tranquila y no estimulante. Vuelva a la cama cuando sienta que tiene sueño.

- Encuentre un método para relajarse. A algunas personas les basta con diez minutos de lectura o de televisión, mientras que a otras les sucede justo lo contrario. Considere las diversas opciones (un baño caliente, un masaje, escuchar la radio y demás).

- Revise los medicamentos que está tomando. Algunos fármacos de venta sin receta contienen estimulantes como la cafeína o la pseudoefedrina. También existen medicamentos de venta con receta que pueden interferir en el ciclo del sueño. Consulte a su médico. Con frecuencia, un sencillo cambio en los horarios de toma de los medicamentos permite solucionar el problema.

Si después de haber seguido estas recomendaciones sus problemas de sueño persisten, consulte a su médico. Es posible que sufra alguna enfermedad subyacente tratable que esté alterando su sueño, como la apnea obstructiva o la depresión. Los somníferos deben utilizarse las menos veces posibles y siempre bajo supervisión médica.

APRENDER COSAS NUEVAS

En el estudio de la Fundación MacArthur, el rasgo que más directamente se relacionaba con el buen estado de las funciones cerebrales en las personas de edad avanzada era su nivel académico. Creemos que la educación ayuda a mantener fuerte la memoria al inculcarnos la costumbre de aprender para toda nuestra vida. Nos habitúa a leer mucho, a implicarnos en proyectos que representan un desafío para nuestra mente y a explorar con interés los temas que nos apasionan.

Yaakov Stern y su equipo de investigadores de la Universidad de Columbia publicaron en 1994 un artículo en el que se relacionaban los niveles de educación y de logros profesionales con un menor riesgo de padecer Alzheimer. Conjeturaron que los niveles académicos más avanzados funcionan como una especie de indicador de la *reserva cognitiva*, un conjunto de habilidades o capacidades que pueden servir para retrasar el inicio de los síntomas de la enfermedad. Si esto fuera cierto, las personas con estados similares de patologías cerebrales subyacentes presentarían diferentes niveles de gravedad, según el grado de sus reservas cognitivas. Más recientemente, Stern ha planteado la posibilidad de que la reserva cognitiva esté basada en un uso más eficaz de las redes neuronales o en la capacidad cerebral para recurrir a redes neuronales alternativas cuando sea necesario, como por ejemplo, durante una enfermedad.

Varios estudios realizados por separado, con la ayuda de técnicas de diagnóstico por imagen, refrendan esta última hipótesis. Las imágenes funcionales obtenidas con SPECT y con PET entre pacientes con estados de gravedad de Alzheimer similares, han revelado que el cerebro de las personas con niveles educativos más altos presentaba una menor perfusión sanguínea y una inferior actividad metabólica que el cerebro de las personas con menor nivel educativo. En otras palabras, el cerebro de una persona con nivel académico alto tiene que sufrir unas disfunciones más graves que una persona con nivel académico bajo para presentar los mismos síntomas.

En un estudio realizado en el año 2004, los investigadores del Hospital Universitario Rush, en Chicago, descubrieron pruebas de la conexión entre el nivel educativo y los síntomas de la enfermedad de Alzheimer. Analizaron las relaciones entre las patologías subyacentes del Alzheimer en la autopsia, los años de educación académica y la gravedad de los síntomas en un grupo de clérigos católicos que participaban en un estudio longitudinal. Sus resultados coincidieron con los de la investigación de la Universidad de Columbia, es decir, descubrieron que entre las personas con niveles similares de gravedad del Alzheimer, los que tenían un nivel educativo más alto presentaban menos síntomas y, en general, un mejor estado de salud.

Varios estudios, aparte del de Columbia, han confirmado que, una vez se diagnostica el Alzheimer, los niveles educativos más altos se correlacionan con un deterioro más rápido. En otras palabras, cuando la patología cerebral comienza a ser grave, la reserva cognitiva ya no puede paliar los síntomas y el deterioro es rápido.

Los investigadores del Hospital Universitario Rush también observaron indicios de que lo fundamental para la formación de la reserva cognitiva no son necesariamente los años de formación académica, sino más bien la participación en actividades estimulantes para la mente. En un estudio basado en la población local, comprobaron que las personas que realizaban alguna actividad estimulante tenían menos probabilidades de desarrollar demencia. Otro hallazgo importante fue que la frecuencia con la que se practicaba esa actividad era más indicativa que los años de formación académica reglada en el momento de reducir la incidencia del Alzheimer.

Un mito sobre la memoria: «No llegué a terminar el bachillerato, así que tengo más probabilidades de padecer Alzheimer que alguien con un título universitario»

Es cierto que la población con mayor nivel académico tiene menos probabilidades de padecer trastornos de la memoria y pérdidas de memoria relacionadas con la edad que las personas que dejaron los estudios. Sin embargo, se cree que lo verdaderamente importante no es haber conseguido una titulación treinta años atrás, sino seguir planteándose retos mentales a lo largo de la vida. El aprendizaje continuado es tanto una forma de enriquecer nuestra vida en el presente como una inversión en nuestro futuro, ya que ayuda a construir una «reserva cognitiva» de conexiones entre neuronas. Esta reserva permitirá que nuestra memoria y nuestras funciones cognitivas permanezcan en buen estado, incluso después de los cambios que se producen en el cerebro con el paso de los años.

La reserva cognitiva parece ser maleable y dinámica, resultante de la combinación entre los factores innatos (el componente genético de la inteligencia) y la experiencia adquirida a lo largo de la vida (la práctica regular de actividades estimulantes para el cerebro).

Todos podemos aprender cosas nuevas durante toda la vida, sin importar nuestro nivel académico. No hace falta volver al colegio (aunque probablemente eso sería maravilloso para la memoria). También podemos obtener beneficios de actividades menos complejas. Podemos aprender a tocar un instrumento musical o adquirir una nueva afición que nos suponga un reto. Al igual que en el caso del ejercicio físico, mi opinión es que resulta muy útil fijar un horario para practicar ejercicios mentales a diario. Leer con regularidad o jugar a juegos estratégicos son buenas formas de ejercitar la mente. A continuación proponemos otras tantas ideas.

- Visitar teatros y museos.
- Planificar viajes de un día, además de las vacaciones más largas, a destinos interesantes.
- Planificar, preparar y realizar tareas de bricolaje que requieran un esfuerzo creativo.

- Diseñar y plantar un nuevo jardín.
- En el trabajo, comenzar o presentarse voluntario para un proyecto que necesite de habilidades que usted no usa normalmente.
- Profundizar en la investigación de algo que siempre ha despertado nuestra curiosidad.
- Explorar Internet. Podemos encontrar casi toda la información sobre casi cualquier tema.
- Apuntarse a un grupo de lectura.
- Apuntarse a un club para jugar al ajedrez o a otros juegos de mesa.
- Seguir un cursillo para aprender una habilidad nueva que requiera esfuerzo y práctica, como tocar un instrumento musical, pintar o diseñar páginas web.
- Hacer rompecabezas o pasatiempos. Además del crucigrama del periódico, considerar la opción de utilizar libros, revistas o Internet para encontrar nuevos pasatiempos matemáticos o nuevos juegos con palabras. Los rompecabezas también suponen un reto para la mente.

MODERAR EL CONSUMO DE BEBIDAS ALCOHÓLICAS

El consumo de bebidas alcohólicas puede tanto dañar como proteger la memoria, dependiendo de la cantidad que se consuma. Es obvio que el consumo excesivo contribuye a las pérdidas de memoria, es tóxico para las neuronas y es el principal factor de riesgo para el desarrollo del síndrome de Korsakoff, un trastorno causado por la deficiencia de tiamina y caracterizado por pérdidas de memoria repentinas y, por lo general, permanentes. Por otra parte, las investigaciones indican que un consumo moderado (una o dos copas al día) podría ayudar a prevenir la demencia.

Si usted bebe demasiado, podría prevenir la aparición de futuras pérdidas de memoria dejando de beber o reduciendo la cantidad al mínimo posible. También permitiría que se restaurasen las funciones que pueda haber perdido. Si usted no bebe, no es recomendable que empiece a hacerlo. La memoria no sufre si no se consumen bebidas alcohólicas, sobre todo si se siguen las demás recomendaciones para conservar la memoria en buen estado.

DISFRUTAR DE LA VIDA

Descubra qué es lo que le apasiona, es decir, las áreas de conocimiento que lo absorben por completo y que consiguen captar toda su atención. A algunas personas las apasionan las artes visuales, la música o el teatro. Para otros es la religión o la política. Pueden ser los deportes, la ciencia, el medio ambiente, los derechos de los animales, el bienestar de la infancia o cualquier otra causa humanitaria. Las posibilidades son prácticamente infinitas. El objeto de nuestro interés es mucho menos importante que el hecho de que tengamos algo que le dé un propósito a nuestra vida. Lo ideal sería encontrar una forma de que nuestros intereses o aficiones nos permitiera estrechar vínculos con nuestras familias, con nuestra comunidad o con otras personas.

¿Qué tiene que ver todo esto con evitar pérdidas de memoria? Tiene mucho que ver. En primer lugar, tener una afición permanente nos empuja a buscar nuevos conocimientos. También facilita nuestra comunicación con otras personas de aficiones parecidas. Y contar con algo que haga que nuestra vida valga la pena puede ayudar a prevenir la depresión y el estrés, dos de las causas de los problemas de memoria. Por último, en un mundo que puede llegar a hacernos sentir insignificantes, participar en algo que tenga significado, sobre todo si nos permite ayudar a otras personas, contribuye a generar un sentimiento de realización personal, la posibilidad de dejar huella y poder cambiar las cosas.

CONTROLAR EL ESTRÉS

Resulta difícil concentrarse cuando nos encontramos bajo presión, y la falta de atención es una de las principales barreras que hay que salvar para codificar un recuerdo eficazmente. Las carac-

TÉCNICAS DE RELAJACIÓN

Por norma general, hace falta algo más que la simple fuerza de voluntad para alcanzar un estado de tranquilidad interior cuando estamos ansiosos o enfadados. Ésa es la razón de que existan las técnicas de relajación. Son métodos que nos permiten tranquilizar los componentes físicos y psicológicos del estado de estrés. La mayoría de estas técnicas son muy sencillas de aprender, aunque algunas necesiten un poco de práctica. Suele ser una buena idea consultar a un psicólogo o a algún otro especialista en este campo antes de empezar a emplearlas. Por otra parte, existe una gran cantidad de libros y vídeos disponibles con instrucciones al respecto, que son de mucha utilidad.

• *La respuesta de relajación.* Se trata de una técnica desarrollada hace más de treinta años por Herbert Benson, un cardiólogo de Harvard, como parte de su trabajo para ayudar a sus pacientes a combatir la base fisiológica de la hipertensión y de la cardiopatía hipertensiva. Con la respuesta de relajación se intenta reducir la frecuencia de los latidos, la presión arterial y la frecuencia respiratoria. Para conseguir la respuesta de relajación, siéntese cómodamente y en silencio, cierre los ojos y relaje sus músculos, empezando por los de los dedos de los pies hasta llegar a los de la cara. Trate de vaciar su mente de cualquier pensamiento, centrándose exclusivamente en su respiración y repita la palabra «uno», bien en voz baja o bien para sí mismo. Si se percata de que su atención se está desviando hacia otra cosa, vuelva a concentrarse en repetir «uno» y en su respiración. Si practica esta técnica entre diez y veinte minutos cada día, notará que cada vez le resulta más sencillo alcanzar un estado de relajación. El libro del doctor Benson *La relajación: la terapia imprescindible* (Barcelona, Grijalbo, 1997) es una guía excelente para dominar esta técnica.
• *La relajación muscular progresiva.* Edmund Jacobson, psicólogo y fisiólogo, fue durante la década de 1930 uno de los pioneros de la relajación muscular progresiva. Con esta técnica se intenta que las personas alcancen el estado de relajación al apreciar la diferencia entre tensionar y relajar sus músculos. Siéntese o túmbese cómodamente, cierre los ojos y concéntrese en los principales grupos de músculos de su cuerpo, empezando por los de los pies y subiendo progresivamente hasta llegar a su rostro. Primero, tense los músculos de su pie derecho apretando los dedos, y aguante la tensión unos diez segundos. Después libere la tensión. Posteriormente, siga el mismo procedimiento con la parte inferior de su pierna derecha, con la pierna al completo y así sucesivamente, hasta hacerlo con los principales grupos muscula-

res de todo su cuerpo. La idea es experimentar la sensación de liberar la tensión física. El libro de Edmund Jacobson *Progressive relaxation*, escrito en 1938, es una guía muy completa sobre este tema.

- *La visualización*. Encuentre un rincón tranquilo en el que no vaya a ser molestado, póngase cómodo, cierre los ojos e imagínese a sí mismo en un lugar que usted asocie con la relajación total, con la tranquilidad y el bienestar. Puede tratarse de un lugar donde ya haya estado, uno que ha visto en una fotografía o uno completamente imaginario. Concéntrese en lo que cada uno de sus cinco sentidos percibiría en este lugar en concreto, es decir, lo que vería, oiría, la sensación sobre su piel, lo que olería y el sabor que tendría. Muchas personas piensan en un día soleado en su playa favorita, con una suave brisa, el murmullo de las olas, el olor a sal y el sonido de las gaviotas. Otros se imaginan flotando en un lago de montaña, mirando las nubes pasar. También hay gente que piensa en la habitación favorita de su infancia, rodeada de sus posesiones más preciadas. Tras unos diez minutos, regrese mentalmente de su rincón de ensueño e intente volver a concentrarse de forma gradual en su entorno real.
- *La respiración diafragmática*. El objetivo de esta técnica es respirar cada vez más profundamente, moviendo así el diafragma, que es el músculo situado entre el abdomen y el pecho. Túmbese e inspire a través de las vías nasales. A medida que el aire va llenando sus pulmones, deje que empuje hacia arriba su abdomen un par de centímetros. Aguante la respiración durante un segundo o dos, y después exhale y deje que su abdomen descienda. Con cada inhalación, imagine que está respirando relajado; con cada exhalación, imagine que está expulsando la tensión y la ansiedad. Continúe así durante unos cinco minutos.

terísticas fisiológicas de la respuesta al estrés agudo afectan a la capacidad de concentración. Vivir con estrés crónico puede llegar a deteriorar la memoria con el paso del tiempo, ya que las concentraciones elevadas de cortisol, una hormona que se segrega en situaciones de estrés, son dañinas para el hipocampo. Es cierto que es imposible controlar todas las situaciones estresantes que se producen en la vida, pero sí que es posible controlar nuestras reacciones frente a ellas.

No existe una fórmula mágica que funcione para todo el mundo. Necesitamos encontrar actividades y seguir métodos que funcionen para cada uno de nosotros. A algunas personas les resulta útil el yoga o pasear por el campo, a otras escuchar música o tener una conversación a corazón abierto con un amigo. Un método demostrado para liberar estrés es practicar algún ejercicio físico. Correr, montar en bicicleta o nadar son formas excelentes de quemar el estrés y las emociones negativas. La halterofilia (levantamiento de peso) es un ejercicio muy poco apreciado, pero tiene unos efectos antiestresantes excelentes.

Algunas técnicas con objeto de reducir el estrés han demostrado su eficacia. Véase el cuadro «Técnicas de relajación» (páginas anteriores) para una información más detallada sobre estos métodos.

ORGANIZAR NUESTROS PENSAMIENTOS, ORGANIZAR NUESTRA VIDA

Con demasiada frecuencia, las personas que acuden a mi consulta están preocupadas por el estado de su memoria, cuando el auténtico problema no es un trastorno neurológico, sino un fallo en su capacidad para organizarse. Del mismo modo en que resulta más fácil encontrar lo que se está buscando en un escritorio bien organizado que en uno desordenado, también es más sencillo recordar algo cuando nuestra vida está organizada que cuando es caótica. Habitualmente recomiendo a mis pacientes que utilicen una agenda de bolsillo o una PDA para registrar la información importante, como las citas, los datos de contacto, las listas de tareas por realizar, y demás. En el capítulo 10 podrá encontrar una descripción completa de métodos y estrategias de organización que considero indispensables.

TOMAR LAS PRECAUCIONES NECESARIAS PARA PROTEGER NUESTRO CEREBRO

Siempre que nos veamos inplicados en una actividad en la que exista alguna posibilidad de sufrir traumatismos craneoencefálicos, es conveniente que usemos las protecciones oportunas. Los accidentes de tráfico son, con mucha diferencia, la causa más común de las lesiones cerebrales. No usar el cinturón de seguridad aumenta el riesgo de sufrir una lesión grave. La participación en deportes de riesgo o de contacto también requiere ciertas medidas de precaución. Es decir, hay que usar casco cuando se monta en bicicleta o en moto, cuando se patina, se escala o se esquía. Los cascos y los protectores bucales son necesarios en los deportes de contacto, como el fútbol americano o el hockey sobre hielo. Los protectores bucales protegen frente a las posibles conmociones que se producen al recibir un golpe en la barbilla o en la mandíbula, ya que, sin los protectores, la fuerza del golpe podría llegar a afectar a la base del cráneo. También se emplean protectores bucales en deportes como el fútbol, el baloncesto o el rugby, o cuando se practican artes marciales, boxeo o lucha libre.

Los traumatismos craneoencefálicos son una de las principales causas de disfunciones de la memoria entre las personas jóvenes, y un factor de riesgo para el posterior desarrollo de una demencia. Tomar las precauciones necesarias para proteger nuestro cerebro de posibles lesiones es uno de los mejores métodos para proteger nuestra memoria.

MANTENER UNA ACTITUD POSITIVA

Aunque no podamos escoger a nuestros padres ni nuestra herencia genética, muchos factores que afectan al funcionamiento de nuestra memoria están bajo nuestro control directo. Los hábitos dietéticos, el nivel de actividad física, el compromiso social, la voluntad de aprendizaje, el grado de atención que le prestamos a las medidas de prevención y solución de los problemas de salud; todos ellos son factores que afectan al funcionamiento de nuestra memoria, ahora y en el futuro. Y somos capaces de controlar todos y cada uno de ellos. No debemos obsesionarnos por las cosas que escapan a nuestro control, ni tampoco creer que debamos cambiar todas nuestras costumbres de golpe. Revise los métodos propuestos en este capítulo, impóngase unos objetivos realistas y empiece con uno de ellos… hoy mismo.

EL PRÓXIMO PASO

En este capítulo hemos presentado trece métodos para prevenir la aparición de los problemas de memoria y para conseguir que nuestra memoria esté en las mejores condiciones posibles. En el próximo capítulo explicaremos varios métodos de conducta prácticos, de eficacia comprobada, que podemos emplear para mejorar nuestra memoria día a día.

Capítulo 10

Métodos prácticos para mejorar la memoria

Existen varios métodos de probada eficacia para ayudar a las personas a mejorar el funcionamiento de su memoria, facilitando así la consolidación de los recuerdos y la adquisición de nuevas habilidades. Estos métodos pueden clasificarse en tres grupos: métodos organizativos, hábitos para un aprendizaje eficaz y técnicas de memorización. Yo confío personalmente en muchos de ellos cuando se trata de ponerle un nombre a una cara, de recordar lo que alguien me ha dicho o saber dónde he puesto las llaves, y también para retener informaciones más complejas.

Los métodos para mejorar la memoria que describimos en este capítulo no son difíciles de dominar. De hecho, muchos de ellos se basan en principios del aprendizaje que usted probablemente esté usando de forma implícita. La idea es que, si los aplica más a menudo y con una mayor atención, se dará cuenta de que disminuye notablemente el número de olvidos frustrantes, y será capaz de controlar de nuevo el aluvión de datos al que cada día tiene que hacer frente su memoria.

Usted puede aprender todos estos métodos simplemente leyendo este capítulo. Si usted es la clase de persona que necesita de una motivación o una estructura adicional, debería considerar la opción de inscribirse a un curso de entrenamiento de la memoria en alguno de los centros médicos de su zona, o concertar una cita con algún médico especialista en temas de memoria o en otros problemas cognitivos.

La organización

La organización es uno de los conceptos fundamentales para conseguir mejorar el rendimiento de nuestra memoria. Para poder ser personas organizadas, debemos crear sistemas eficaces que nos permitan manejar los diferentes tipos de información y las diferentes situaciones que a diario requieren de nuestra memoria. Algunos de los métodos organizativos pueden crearse de forma rápida y sencilla; en este mismo instante usted puede decidir cuál es el sitio de determinados objetos. Otros necesitan de un período de preparación, esfuerzo y de una reflexión más profunda. Sin embargo, en cuanto un sistema organizativo está concretado y en marcha nos garantiza, casi permanentemente, la accesibilidad a los datos importantes. Aún más, nos permite ahorrar tiempo y recursos, facilitando que enfoquemos nuestra energía mental hacia otras actividades más creativas, productivas y gratificantes.

Cómo organizar la información de bajo contraste

Todos necesitamos acceder a multitud de datos a lo largo del día como, por ejemplo, números de teléfono, direcciones electrónicas, fechas de citas o cosas que tenemos que comprar. Es el tipo de información que yo denomino de bajo contraste, ya que está formada por elementos muy semejantes: todos los números de teléfono son secuencias de nueve dígitos, todas las citas están relacionadas con alguna fecha, y así sucesivamente. El cerebro humano no está diseñado específicamente para manejar todas estas informaciones de bajo contraste de forma sencilla, razón por la cual en 1993 se creó la PDA (la agenda electrónica).

La PDA nos permite disponer de todas las herramientas organizativas de uso habitual, como la lista de contactos, el calendario, la agenda, los recordatorios o las listas de tareas pendientes, en un único dispositivo portátil. En una PDA podemos anotar las fechas de los acontecimientos recurrentes, como las reuniones mensuales de trabajo o las fechas de cumpleaños de nuestros familiares.

También es posible relacionar datos de contacto y citas, organizar en el tiempo las tareas por realizar y tomar notas sin necesidad de tener un papel y un bolígrafo a nuestro alcance. Incluso podemos sincronizar la PDA con una base de datos informática para introducir los datos con el teclado del ordenador o para disponer de una copia de seguridad. Muchas PDA tienen acceso inalámbrico a Internet. Además, la mayoría pueden programarse para emitir un aviso acústico en el momento concreto en el que debamos hacer algo.

Personalmente soy partidario del uso de la PDA por su portabilidad, capacidad de programación y por sus características interactivas. Pero, antes de que usted llegue a la conclusión de que tengo acciones de alguna empresa que comercializa agendas electrónicas (desde luego, nada cierto), debo decir que el viejo método del bolígrafo y el papel también puede resultar eficaz para recordar los detalles de nuestra vida diaria. Sea cual sea la herramienta seleccionada, tecnológica o manual, la clave es utilizarla regularmente para registrar y organizar el flujo diario de informaciones de bajo contraste.

- *Citas y reuniones*. Registre sus citas y las demás fechas importantes en una PDA o en una agenda de bolsillo, que debería llevar siempre con usted. Si prefiere usar una agenda clásica, asegúrese de que esté organizada por semanas y de que tenga espacio para anotar los datos importantes. Repase las tareas anotadas en su PDA o en su agenda varias veces al día, preferentemente después de las comidas.
- *Tareas diarias*. Además de anotar sus citas, lleve una lista del resto de tareas que tiene que realizar cada día o cada semana: las personas a las que tiene que llamar, las cosas que tiene que comprar, las tareas de mantenimiento de su hogar y de su vehículo y demás. Asegúrese de anotar estas tareas diarias en su PDA o agenda, y revíselas regularmente, al menos al comenzar y al terminar su jornada.
- *Nombres, direcciones y números de teléfono*. Mantenga al día su lista de contactos, con la información más completa que sea posible sobre sus amigos, familiares y todas las personas

y empresas con las que hace negocios. Todas las PDA incluyen una función de lista de contactos. Si desea recordar algún
dato específico sobre alguna persona (por ejemplo, los nombres de sus hijos), anótelo dentro de los datos del contacto.
Si hace mucho tiempo que no ve a esa persona o que no habla
con ella, es posible que, al ver esos datos, pueda recordar el
resto de información sobre esa persona.

La información importante

Registre la información importante en su PDA o agenda. Es
conveniente anotar los medicamentos que se está tomando y las
horas de las tomas, su historial médico, los nombres y teléfonos de
sus médicos, de su compañía de seguros, las tareas requeridas en
caso de urgencia, la información de su tarjeta de crédito, los números de teléfono de su casa y su trabajo y los números de móvil
de sus familiares y amigos. Siempre es una buena idea proteger la
información personal con alguna contraseña. Guarde en un lugar
seguro los documentos importantes, como los papeles del seguro
o los del médico, en un cajón o en un archivador convenientemen-
te organizado. Los documentos más comprometidos, como el pa-
saporte, el testamento, los recibos de los bienes más valiosos u otros
documentos financieros, deben conservarse en una caja fuerte o en
la caja de seguridad de un banco.

Los efectos personales

De la misma forma que debemos crear un sistema para almacenar la información que es importante, también debemos crear un
sistema para llevar la cuenta de nuestros efectos personales. Desig-
ne un lugar específico en su hogar para sus efectos más importantes (las llaves, el móvil, las gafas, la cartera, el maletín, el ordenador
portátil…) y póngalos *siempre* en ese sitio cuando no los vaya a
usar.

LAS LISTAS

Para aquellas actividades que usted no realiza con demasiada frecuencia y que, por lo tanto, es posible que olvide cómo llevar a cabo (por ejemplo, usar una cámara de fotos digital, grabar un CD o programar la alarma de su casa), anote los pasos precisos y consérvelos junto al equipamiento y sus manuales. Cree un archivo con todos estos procedimientos en su ordenador.

LAS DIRECCIONES

Hágase con mapas de su zona y de los demás lugares que usted visita regularmente y guárdelos en su coche o en un sitio concreto de su hogar. Antes de visitar un lugar que conoce poco o nada, trate de localizar tanto su destino como la ruta de acceso en un mapa. En Internet hay varias páginas web desde las que es posible obtener versiones impresas de las rutas entre dos direcciones, con los pasos precisos y las distancias en kilómetros. Cuando haya decidido su ruta, estúdiela todo cuanto pueda antes de comenzar su desplazamiento.

MANTENER UN ENTORNO LIBRE DE DISTRACCIONES

Para mantener un entorno libre de distracciones es necesario crear sistemas de almacenaje, lo que a su vez nos ayuda a recordar dónde están las cosas. Reduciendo el desorden al mínimo, conseguiremos reducir las distracciones, y así podremos concentrarnos más intensamente en lo que tenemos frente a nosotros. Si seguimos estos pasos, aumentarán las probabilidades de que absorbamos y retengamos las informaciones novedosas.

Hábitos para un aprendizaje y una memoria eficaces

La eficacia con la que retenemos los datos nuevos para nosotros no depende sólo de lo listos que seamos, también depende de lo inteligentemente que abordemos dichos datos. Los procesos básicos para una codificación eficaz son la concentración y la comprensión. A continuación proponemos varias formas de ajustar nuestra conducta para mejorar nuestra capacidad de aprender de lo que escuchamos, vemos o leemos, y después almacenarlo en nuestra memoria.

La concentración

Mantener la concentración y absorber cantidades ingentes de información a gran velocidad se vuelve más difícil a medida que envejecemos. De hecho, la idea esencial de una de las principales teorías sobre los efectos de la edad en las funciones cognitivas es que la lentificación del procesamiento de la información es la causa fundamental de las pérdidas de memoria relacionadas con la edad. Según esta teoría, la reducción de la capacidad de procesamiento provoca la formación de un «cuello de botella» con la información, lo que redunda en una menor cantidad de datos pasando de la memoria de trabajo a la memoria a corto plazo. No obstante, podemos seguir varios pasos para mejorar nuestra capacidad de absorber y recordar la información.

- Cuando alguien le esté hablando, mire hacia él o ella y escuche con atención. Si no entiende algo de lo que le han dicho, pregúntelo. No se avergüence de pedir que se lo repitan o que le hablen más despacio. La confianza que le va a dar saber de qué se está hablando supera con mucho la vergüenza que pueda sentir por preguntar. El mismo principio se aplica al material escrito; si algún fragmento le parece difícil, es mejor volverlo a leer que seguir adelante sin toda la información.

- Si tiene que retener la información que está escuchando para usarla más tarde (memoria de trabajo), trate de parafrasear lo que le han dicho o de incorporarlo a su respuesta. Por ejemplo, si uno de sus amigos le dice: «Podemos ir al restaurante mexicano o al restaurante chino», usted podría contestar: «¿Prefieres ir a un mexicano o a un chino?».
- Procure evitar las interrupciones. Si alguien le pregunta algo mientras usted está leyendo o trabajando, pregúntele si puede esperar hasta que usted haya acabado lo que tiene entre manos. No conteste al teléfono hasta que no haya terminado sus tareas; deje que su contestador registre la llamada.

LA REPETICIÓN

La repetición nos ayuda a codificar la información al forzarnos a prestar atención a lo que estamos repitiendo. Para recordar más eficazmente los datos objetivos, repítalos, bien en voz alta o bien mentalmente. Cuando conozca a alguien, intente repetir su nombre varias veces tratando de incorporarlo a la conversación. Si alguien le da una dirección, repítasela inmediatamente.

ASEGURAR LA COMPRENSIÓN

Entender algo es un requisito indispensable para recordarlo. Cuando conseguimos comprender un concepto difícil o la lógica interna de un sistema matemático complejo, tenemos muchas probabilidades de poder recordar todos los detalles que lo acompañan. La comprensión nos permite apreciar las semejanzas entre la información nueva y las informaciones ya almacenadas. Si conseguimos relacionar lo nuevo con lo que ya sabemos, nos resultará más fácil recordarlo. Hacer preguntas a quien está dando una conferencia es una forma de garantizar la comprensión de lo que estamos oyendo. Repitiendo lo que acabamos de aprender a otra persona podemos organizar nuestros propios pensamientos; explicarle a alguien un concepto nuevo nos hace sentirnos más cómodos con tal información.

TOMAR NOTA

Además de escribir las direcciones, los números de teléfono y los demás datos que utilizamos habitualmente, intente tomar nota también de los datos importantes que necesitará recordar en una o en pocas ocasiones. Todos hemos pasado por la experiencia de recordar algún dato importante mientras estamos realizando una tarea cualquiera. Imagine que está conduciendo hacia su lugar de trabajo y se le ocurre una idea para un nuevo negocio, una pregunta que desea hacerle a su médico durante la próxima consulta, un regalo para el cumpleaños de su hija, el título de un libro que quiere leer o un restaurante al que le gustaría ir. No asuma que será capaz de recordarlo media hora después, cuando se encuentre sentado en su despacho; anótelo en cuanto pueda. El propósito no es sólo disponer de una nota para recordarlo. El hecho de haberlo escrito ayuda a reforzar su implantación en la memoria, de tal forma que, posiblemente, ni siquiera necesite consultar la nota.

PRACTICAR EL APRENDIZAJE ESPACIADO

Aunque usted considere que la exposición intensiva a la información nueva (lo que familiarmente se conoce como «empollar») es la mejor forma para llegar a comprenderla, las diferentes investigaciones al respecto nos han demostrado que no es cierto. El aprendizaje espaciado en el tiempo resulta más duradero que lo que se aprende en un corto período de tiempo. Es más fácil recordar algo si lo estudiamos una vez al día durante tres días que si lo estudiamos diez veces en diez minutos.

HACER LO QUE NOS RESULTA SENCILLO INMEDIATAMENTE

No abarrote su lista de tareas por realizar con pequeñas actividades de las que usted puede librarse fácilmente. Por ejemplo, a su despacho llega una solicitud que necesita de su respuesta, y usted decide dejarlo para más tarde. Pues bien, el tiempo que va a tardar en recordar la solicitud y en encontrarla es tiempo perdido. Acabar con las tareas sencillas lo antes posible nos ahorra tener que recordarlas más tarde.

TENER PACIENCIA

Tal y como mencionamos con anterioridad, una de las principales razones del deterioro de la memoria con la edad es que el cerebro procesa la información más lentamente a medida que envejecemos. Sin embargo, que tardemos más en absorber un conocimiento no significa que no vayamos a conseguirlo. Así que sea paciente, tómese el tiempo que necesite para comprender la información nueva.

Uno de los descubrimientos más alentadores del estudio realizado por la Fundación MacArthur fue que muchos de los participantes confesaron que, cuando la materia de aprendizaje era importante para ellos, podían compensar la lentificación del proceso con paciencia y trabajo duro. He aquí una lección para todos nosotros: la perseverancia ayuda a mantener nuestra mente en buen estado.

LAS TÉCNICAS DE MEMORIZACIÓN

A continuación detallaremos varios de los trucos que facilitan la memorización. Algunos de ellos son muy conocidos y han ayudado a muchos estudiantes a aprobar exámenes en el instituto, la universidad y posteriormente en su vida profesional, siempre que han necesitado memorizar cantidades ingentes de información. También pueden ayudarnos a mejorar nuestra memoria.

LOS TRUCOS MNEMOTÉCNICOS

La palabra «mnemotecnia» se deriva del nombre de la diosa griega de la memoria, Mnemósine. Se refiere a cualquier sistema ideado para ayudar a memorizar. Es muy probable que, cuando usted iba al colegio, sus profesores le enseñaran algunos trucos mnemotécnicos para que memorizara datos específicos. La mnemotecnia resulta muy eficaz para recordar listas de datos que debemos recordar repetidas veces a lo largo del tiempo, pero no es muy práctica cuando tenemos que recordar una única vez, como por ejemplo, la lista de la compra. En estos casos, el bolígrafo y el papel siguen siendo la mejor solución.

LAS ASOCIACIONES

Cuando aprenda algo nuevo, trate de asociarlo inmediatamente con algo que ya sabe. Establecer conexiones es esencial para la construcción de recuerdos a largo plazo; hace que la información tenga un significado, por lo que aumenta las probabilidades de que el recuerdo se consolide en el hipocampo. Una forma de recordar el nombre de alguien que acabamos de conocer es pensar en todas las personas que ya conocíamos con ese mismo nombre.

Las asociaciones también son eficaces para recordar contraseñas que, por razones de seguridad, no debemos escribir ni llevar encima. Cuando tenga que crear una contraseña, establezca alguna conexión mental. Por ejemplo, para una contraseña de su trabajo podría escribir la fecha en la que comenzó a trabajar en ese sitio.

FRAGMENTAR LA INFORMACIÓN

La fragmentación es un método organizativo que nos permite clasificar un número considerable de objetos en subgrupos, basándonos en sus características comunes. Suponga que le facilitan una lista de la compra con doce elementos (y resulta que usted no tiene ni papel ni bolígrafo a mano): agua mineral, esponja, manzanas, lavavajillas, café, mandarinas, limonada, detergente, uvas, leche, lima y pañuelos desechables. Sería muy difícil recordar los doce

MÉTODOS PRÁCTICOS PARA MEJORAR LA MEMORIA 221

artículos durante los veinte minutos que a usted le lleva conducir hasta el supermercado. Si los divide en tres subgrupos (frutas, bebidas y artículos de limpieza), hará que la información sea mucho más manejable, porque básicamente ha reducido los doce elementos a tres, usando cada subcategoría como clave para recordar sus cuatro integrantes.

También podemos fragmentar una secuencia de objetos muy larga en varias secuencias más cortas. Si, otra vez, no tiene a mano bolígrafo y papel mientras alguien le da su número de teléfono de nueve dígitos, trate de dividirlo en los típicos subgrupos de tres-tres-tres. El número 617871490 es mucho más difícil de recordar que 617-871-490.

EL MÉTODO DE *LOCI*

Esta técnica fue creada en la antigua Grecia y sigue siendo extremadamente útil para manejar las informaciones muy complejas o muy voluminosas que deseamos memorizar, como por ejemplo, cuando tenemos que dar una conferencia sin la ayuda de una presentación en PowerPoint. Piense en una ruta que le resulte muy familiar, como el camino hacia su lugar de trabajo o hacia su lugar de vacaciones favorito. Imagine que está recorriendo esa ruta y tome nota de los lugares de referencia por los que va pasando. Posteriormente, asocie cada uno de estos lugares con cada uno de los puntos principales de su discurso.

Mientras da la charla, imagine que está recorriendo la susodicha ruta. Cada uno de los lugares de referencia le servirá de clave para recordar la información asociada a ellos. También puede utilizar entornos que le sean familiares. Por ejemplo, las habitaciones de su hogar pueden ser los *loci* (lugares, en latín). No es necesario limitarse a recorridos físicos; pueden emplearse otros tipos de referencias, como los meses del año, los miembros de su familia ordenados cronológicamente, y así sucesivamente. El concepto sigue siendo el mismo: relacionar cada idea o concepto con una referencia específica.

El método SQ3R

La sigla SQ3R representa las iniciales de las palabras inglesas *Survey, Question, Read, Recite* y *Review*, que en castellano significan, respectivamente, *inspeccionar, preguntar, leer, repetir* y *repasar*. Este método es particularmente útil para recordar e integrar una cantidad sustanciosa de información, como por ejemplo, la que contienen los libros de texto o los manuales profesionales.

- *Inspeccionar*. El primer paso es obtener una idea general del material de estudio, es decir, echarle una ojeada o un vistazo rápido. Leer los títulos y los subtítulos de cada capítulo o leer las frases iniciales de cada párrafo proporciona una idea general del contenido. También debemos mirar por encima los gráficos, las figuras, las imágenes y los diagramas. Igualmente, deberíamos leer el sumario y las preguntas sobre el tema, si el material de estudio los incluyese.
- *Preguntar*. El segundo paso consiste en preguntarse a uno mismo sobre lo que se acaba de leer. Debemos formularnos preguntas sobre los apartados que hayamos considerado más importantes después de haber inspeccionado el material. Haga que las preguntas le resulten sugerentes e interesantes; cuando vaya a leer el contenido al completo durante el próximo paso, la curiosidad le hará concentrarse, y las preguntas le prepararán para clasificar lo que va leyendo.
- *Leer*. A continuación, leeremos el material detenidamente, intentando comprenderlo. Piense en sus preguntas durante la lectura. La toma de notas y el subrayado deben reducirse al mínimo, se usarán sólo para destacar los conceptos más importantes. Si tomamos demasiadas notas, podemos interrumpir el flujo de información y empeorar la comprensión.
- *Repetir*. Como mencionamos antes, hablar en voz alta sobre lo que se acaba de leer, tanto para uno mismo como para otra persona, es una forma excelente de comprobar el nivel de comprensión que se ha alcanzado. En este paso, debemos tomar notas más detalladas.

• *Repasar.* Debemos volver sobre el material al día siguiente o incluso más tarde. Hay que repasar las notas que hayamos tomado. Pregúntese si lo que ha leído contradice o concuerda con la información de la que usted disponía anteriormente. Finalmente, vuelva a las preguntas del segundo paso. ¿Las respondería de igual manera? ¿Qué preguntas siguen sin respuesta? Repase el material con decisión algunas veces más durante la semana siguiente. Como dijimos antes, el aprendizaje espaciado ayuda a que los recuerdos se consoliden más eficazmente.

PONER EN PRÁCTICA LOS MÉTODOS

Acabamos de proponer una gran variedad de métodos para mejorar la memoria. ¿Es necesario realizarlos todos? Eso depende del tipo de cosas que a usted le resulte más costoso recordar.

Algunos métodos suelen ser universalmente eficaces. En mi opinión, todo el mundo necesita una PDA o una agenda para recordar los datos de contacto y las citas. Pero la mayoría de las personas pueden identificar las situaciones específicas que más problemas les crean en su vida diaria, y es posible concretar la solución específica para ese problema. Reflexione durante el tiempo necesario sobre los problemas de memoria recurrentes que hacen su vida más difícil, los que le exigen un gasto de energía y una capacidad de concentración desproporcionados. Imagine el tiempo y el esfuerzo que podría ahorrarse si encontrara un sistema que aliviara esos problemas y los convirtiese en tareas sencillas y rutinarias.

En cuanto haya identificado las áreas que necesita mejorar, concéntrese en los métodos que realmente le permitan mejorarlas. También puede crear su propio método siguiendo los conceptos que hemos tratado en este capítulo. En la tabla 10.1 resumimos algunos métodos para solucionar los problemas de memoria más habituales.

Tabla 10.1. *Anticipándonos a los problemas de memoria: Lapsus más frecuentes y métodos para superarlos*

Qué se olvida	Cómo recordarlo mejor
Nombres	Cuando conozca a alguien por vez primera, trate de usar el nombre de esa persona en la conversación
	Piense si el nombre le gusta o no
	Asocie el nombre de las personas que usted conozca con ese mismo nombre
	Si es posible, asocie el nombre con una imagen
	Anote el nombre de la persona en su agenda
Dónde pone las cosas	Ponga las cosas que utiliza más habitualmente (las llaves, las gafas...) siempre en el mismo sitio
	Para el resto de objetos, repita en voz alta dónde los ha colocado
	En cuanto coloque un objeto, eche un vistazo a lo que le rodea
	Si aun así cree que va a ser incapaz de recordar, anote en su agenda dónde ha puesto el objeto
Lo que le dicen los demás	Pida que le repitan lo que le han dicho
	Pida a su interlocutor que le hable despacio, así usted podrá concentrarse más fácilmente
	Repítase a sí mismo lo que le acaban de decir y piense en su significado
	Si la información es extensa o complicada (como los consejos de un médico), utilice una grabadora para tomar notas mientras la otra persona le está hablando
Citas	Anótelas en su agenda y mire la agenda a diario
Tareas	Anótelas en su agenda
	Escríbase una nota y póngala en un sitio donde la vaya a ver (la mesa de la cocina, la puerta del frigorífico...)
	Pida a un amigo o a un familiar que se las recuerde
	Deje un objeto relacionado con la tarea en un lugar llamativo de su hogar (por ejemplo, si tiene que reservar entradas para una obra de teatro, deje un anuncio de la misma cerca del teléfono)
	Si tiene que hacer algo a una hora concreta (como tomar un medicamento), ponga la alarma de su reloj

Adaptado con permiso del doctor Winifred Sachs, del Departamento de Remedios y Tratamientos Cognitivos del Hospital Diaconisa Beth Israel.

«A RIESGO DEL COMPRADOR»

Tenga precaución con los programas de entrenamiento basados en juegos. No hay ninguna prueba científica verosímil que demuestre que los juegos que requieren concentración o memoria sean, por sí solos, beneficiosos para la memoria en la vida diaria.

Uno de los juegos mnemotécnicos que se supone sirven para mejorar la memoria consiste en recordar la localización de los objetos en una cuadrícula. En la década de 1960, en Estados Unidos había un programa de televisión que se llamaba *Concentration*, en el que los concursantes debían resolver un rompecabezas de treinta piezas recordando pares de piezas que, al darles la vuelta, revelaban datos parciales. Alguno de los programas de entrenamiento de la memoria se basa en algún ejercicio de este tipo. Es cierto que, si se juega durante cierto tiempo, uno se vuelve cada vez más diestro en el juego. No obstante, recordar parejas de ubicaciones en un tablero de juegos no va a ayudarlo a recordar dónde ha aparcado el coche.

Si busca en Internet «entrenamiento para la memoria», encontrará cientos de páginas web que le garantizan una cura para sus problemas de memoria. Muchas de estas páginas utilizan una jerga pseudocientífica con el solo fin de vendernos algo. Algunas predican sobre técnicas hipnóticas o subliminales y prometen activar mágicamente las regiones cerebrales implicadas en la memoria, simplemente escuchando las veintitrés horas contenidas en once discos compactos.

También existe una página web que promete «resultados increíbles e instantáneos para conseguir una memoria fotográfica», que permitiría recordar libros enteros en cuestión de minutos. Otra ofrece ayuda divina para mejorar la memoria. Mi página favorita es una que otorga medallas a sus usuarios por participar en juegos de memoria, entre los que se encuentra uno en el que hay que recordar sonidos de pájaros como medio para «expandir la mente y aumentar el poder del cerebro». Debo admitir que el encabezamiento «Los lapsus de memoria pueden matar» captó mi atención.

Lo que *realmente* funciona son las técnicas diseñadas específicamente para cada uno de los problemas de la memoria, como los métodos recomendados en este capítulo y guiados por profesionales cualificados.

Entrenamiento profesional para la memoria

A muchas personas no les bastará con este libro para aprender y desarrollar los cambios de comportamiento y las técnicas adecuadas para mejorar el estado de su memoria. Si no fuera suficiente, también hay médicos (psicólogos, logopedas y terapeutas ocupacionales) que imparten seminarios y clases particulares sobre estos métodos de entrenamiento de la memoria.

Que usted necesite ayuda profesional para aprender y aplicar estos métodos depende de su forma de ser y de la naturaleza de su problema. Ciertas personas reaccionan mejor ante la interacción social y el apoyo que proporciona el entorno de aprendizaje en grupo. Otros individuos necesitan de la motivación y la estructura adicionales que proporcionan las consultas privadas.

Las personas cuyos problemas de memoria son realmente significativos, hasta el punto en que interfieren en su capacidad para desarrollar su trabajo o sus quehaceres diarios, suelen obtener mejores resultados de las sesiones privadas, ya que en éstas se realiza una aproximación más directa a sus necesidades concretas. En una consulta privada, el médico puede analizar el problema más rápidamente, para después diseñar un programa personalizado y flexible, que se podrá ajustar a medida que se vaya avanzando. Tanto si usted elige una terapia en grupo como una terapia individual, asegúrese de que quien dirige las sesiones sea un profesional sanitario reputado. Para garantizar que la atención recibida sea de la máxima calidad, es conveniente acudir a un centro clínico oficial o a un especialista recomendado por su médico de cabecera.

Los objetivos futuros

No importa cuán buena sea nuestra memoria, siempre podremos mejorarla con la ayuda de los métodos prácticos descritos en este capítulo. La eficacia con la que prestemos atención y nos organicemos siempre será la clave para conseguir que nuestra memoria mejore. Eso no va a cambiar. Sin embargo, lo que *sí* va a cambiar es nuestra capacidad para revertir el avance de las enfermedades degenerativas, para prevenir la aparición de trastornos de la memoria décadas antes de que se manifiesten y para aumentar las capacidades cognitivas y de la memoria mediante potenciadores cognitivos. En el próximo capítulo explicaremos los objetivos que los investigadores en el campo de la memoria se han propuesto alcanzar en un futuro próximo.

Capítulo 11

El futuro

Tal y como hemos explicado en los capítulos anteriores, existe un gran número de métodos muy eficaces para lograr y conservar una memoria óptima. Para prevenir las pérdidas de memoria relacionadas con la edad, es necesario mantenernos activos tanto física como mentalmente, además de controlar los problemas de salud que pueden llegar a afectar a la memoria. A fin de mejorar nuestra capacidad de recordar a diario la información importante, debemos emplear los métodos probados científicamente para cultivar los hábitos de ayuda a la memoria a través del uso de herramientas organizativas, como las PDA o las agendas, y practicar el aprendizaje espaciado para retener la información más compleja.

Si ha llegado hasta aquí, ya se habrá percatado de que la enfermedad de Alzheimer es, con mucho, la amenaza más significativa para la memoria en las personas de edad avanzada. Combatir el Alzheimer es el objetivo fundamental de la mayoría de las investigaciones actuales sobre el tratamiento y la prevención de las pérdidas de memoria relacionadas con la edad. Hoy en día disponemos de un amplio abanico de opciones terapéuticas para el tratamiento sintomático del Alzheimer y de otros trastornos de la memoria, y se está avanzando a pasos agigantados en el conocimiento de las características biológicas de la memoria y de las enfermedades neurológicas. El próximo objetivo de las investigaciones en el campo de la memoria es el desarrollo de terapias de modificación, que permitan detener o incluso restaurar el daño neuronal. En el capítulo 8 hemos mencionado algunos de los medicamentos en fase de estudio más prometedores, pero en un futuro, aunque sea lejano, seguramente se descubrirán métodos más revolucionarios para el tratamiento y la prevención.

Las recientes investigaciones con células madre, que son células no especializadas con la capacidad de diferenciarse y proliferar, han alimentado la esperanza de que algún día podamos curar los trastornos neurológicos, pero, por otro lado, también plantean numerosas objeciones de índole ética. Además, las investigaciones sobre los métodos de transferencia genética aún se encuentran en sus primeras fases. Otro aspecto muy controvertido en el área de la investigación clínica es la potenciación cognitiva, es decir, el uso de terapias con el objetivo de expandir los límites normales de la memoria y de las demás funciones cognitivas.

El papel actual y futuro de todos estos tratamientos plantea muchas dudas en los pacientes, en los médicos y en la sociedad en general. ¿Es aceptable, desde un punto de vista ético, gastar nuestros recursos financieros e intelectuales para conseguir que las personas inteligentes sean más inteligentes o tengan una supermemoria? ¿Es ético no conseguir esta capacidad si estuviera a nuestro alcance? ¿Quién debería asumir los costes de estas investigaciones? ¿Quién decidiría a qué personas se les podría otorgar esta nueva capacidad? ¿En qué clase de sociedad deseamos vivir?

LA PREVENCIÓN Y LA CURA DE LOS TRASTORNOS DE MEMORIA

Actualmente, en Estados Unidos no existe ninguna aplicación aprobada por la FDA ni para las terapias génicas ni para el uso de células madre en el tratamiento de los trastornos de la memoria. Todos los trabajos realizados hasta el momento en estas áreas se encuentran en sus primeras fases de investigación. Sin embargo, las investigaciones en el campo de los trasplantes celulares y en el de la terapia génica pueden ser la clave para prevenir y curar los trastornos de la memoria, como la enfermedad de Alzheimer. Es posible que en el futuro también puedan utilizarse estas técnicas para prevenir las pérdidas de memoria relacionadas con la edad.

Varios de los modelos experimentales implican la combinación de los trasplantes celulares y de los métodos de transferencia genética. En algunos de ellos, los trasplantes celulares se usan como vehículos para transportar los genes hasta el cerebro o hasta el área del organismo que se desee tratar. En otros experimentos, las células se modifican genéticamente antes de su implantación, con el objetivo de que actúen de una forma específica, potencialmente terapéutica.

La transferencia genética

En un principio, se pensó que los métodos de transferencia genética presentarían un enorme potencial para ayudar en el tratamiento de las enfermedades causadas por un único defecto genético, como la enfermedad de Huntington o la anemia drepanocítica o de células falciformes. Las enfermedades con causas variadas, como el Alzheimer, no son el objetivo ideal de las técnicas de transferencia genética, dado que dependen de una compleja interrelación entre una gran cantidad de genes y de factores medioambientales. De todos modos, los científicos están experimentando sobre varias formas distintas de tratar los trastornos neurodegenerativos con la aplicación de tejidos alterados genéticamente, para conseguir reparar o potenciar las funciones de las regiones cerebrales importantes para la memoria.

Los trastornos cerebrales plantean un buen número de problemas a la aplicación de las técnicas estándar de transferencia genética. Aunque la mayor parte de los métodos de transferencia genética utilizan como vector (o sistema de transporte) un virus neutralizado e inofensivo para trasladar el material genético hacia las células de destino, dichos vectores virales suelen ser demasiado grandes como para atravesar las protecciones naturales de la barrera hematoencefálica y alcanzar las regiones del cerebro que son su objetivo. Se están investigando métodos de transferencia alternativos para llegar a zonas del cerebro, como la inyección directa o el uso de liposomas (esferas formadas por lípidos) como vehículos de transporte.

Un grupo de investigadores de la Universidad de California, en San Diego, han desarrollado un método para modificar genéticamente las células cutáneas para que expresen el *factor de crecimiento nervioso* (NGF), una proteína que ayuda a la supervivencia de las neuronas reparando lesiones y estimulando su regeneración. Desde el comienzo de la investigación en el año 2001, se han implantado células cutáneas modificadas de ocho pacientes con Alzheimer leve en estructuras cerebrales en las que habitualmente las células colinérgicas son destruidas por la enfermedad de Alzheimer.

Los investigadores comunicaron en el año 2004 que la intervención quirúrgica había sido un éxito en seis pacientes y que todo indicaba que habían sido operaciones seguras y bien toleradas. Dos de las ocho personas presentaron complicaciones durante la inyección, lo que condujo a una modificación del procedimiento original. En las imágenes obtenidas mediante PET observaron que la actividad metabólica de las áreas con implantes era mayor que la observada en el cerebro de pacientes con afecciones similares, pero sin implantes. Estos resultados indican que la NGF produjo un efecto fisiológico positivo. Además, el índice anual de deterioro cognitivo se redujo entre un 40 y un 50% en los pacientes con implantes, lo cual es significativamente mejor que los resultados habituales de los medicamentos de los que disponemos actualmente. La empresa farmacéutica que patrocina esta investigación, Ceregene, tiene previsto realizar más ensayos clínicos con células cutáneas modificadas genéticamente en el Hospital Universitario Rush, de Chicago.

Posiblemente, las técnicas de alteración genética nos permitirán algún día prevenir la aparición de todos los problemas de memoria, así como proporcionarnos una mejor memoria. Uno de los potenciales objetivos de la modificación genética es el receptor de NMDA, un punto de unión neuronal para neurotransmisores implicados en el aprendizaje y en la memoria. En el año 1999, científicos de la Universidad de Princeton, del Instituto Tecnológico de Massachusetts y de la Universidad de Washington publicaron un artículo asegurando que eran capaces de producir una variedad «inteligente» de ratones alterados genéticamente, con mayor cantidad de receptores de NMDA. En los experimentos, estos ratones aprendían y recordaban mejor que sus homólogos «normales».

Las preocupaciones de la comunidad científica al respecto son considerables, dado el impredecible impacto de la transferencia genética en el genoma humano. De hecho, ya se ha tenido que interrumpir un ensayo clínico sobre la transferencia genética porque un niño desarrolló leucemia, posiblemente como resultado de una mutación genética causada por una interacción imprevista entre el material genético terapéutico y otros genes. El éxito futuro de los métodos de transferencia genética depende en gran medida de refinar las técnicas de transporte de los genes hacia sus objetivos, lo que permitiría evitar interacciones genéticas no deseadas.

Puede que algún día sea posible la aplicación de la terapia génica para potenciar la memoria y otras funciones cognitivas en personas sanas. Sin embargo, al considerar las implicaciones éticas de la potenciación genética o del diseño selectivo de las características de los seres humanos, se plantean multitud de dudas. Tanto los argumentos a su favor como en su contra resultan por igual convincentes.

LOS TRASPLANTES DE CÉLULAS MADRE

El reciente descubrimiento de que el cerebro humano adulto posee células madre neuronales que pueden producir nuevas neuronas hasta edades bien avanzadas ha proporcionado un nuevo ímpetu a las investigaciones sobre el potencial de las células madre en el tratamiento de los trastornos degenerativos, incluida la enfermedad de Alzheimer. Los investigadores tienen la esperanza de que las células madre puedan ser capaces de restituir las funciones cerebrales dañadas, reemplazando las células destruidas. Las células madre también podrían lentificar o detener la producción de futuras lesiones, al ayudar a recubrir las neuronas con sustancias químicas protectoras que las células madre transportan y expresan. La mayoría de los experimentos realizados con células madre im-

plican su inyección directa en el cerebro con la ayuda de dispositivos de imagen, pero algunos investigadores están aplicando inyecciones intravenosas de células madre mezcladas con otros fármacos capaces de atravesar la barrera hematoencefálica.

Cuando las células madre neuronales se implantan en el cerebro de los animales y de los seres humanos, echan raíces, por así
decirlo, proliferan y se conectan con las neuronas ya existentes. En
uno de los experimentos se trasplantaron células madre neuronales humanas cultivadas en laboratorio a cerebros de ratas de edad
avanzada. El resultado fue una mejora en la capacidad de aprendizaje. Dichas ratas fueron capaces de aprender y recordar la forma
de salir de un laberinto acuático con la misma eficacia que otras
ratas más jóvenes. Se trata de hallazgos muy ilusionantes. Alimen-
tan la esperanza de que las células madre permitan, algún día, reparar los daños cerebrales producidos por los traumatismos, los
accidentes cerebrovasculares o por las enfermedades.

Las conclusiones preliminares del uso de células madre para
tratar la disminución del número de células productoras de dopamina en la enfermedad de Parkinson son contradictorias. En los
ensayos clínicos realizados en distintas partes del mundo se ha observado que los implantes de células madre paliaban los síntomas
en algunos pacientes, hasta el punto de que no necesitaban seguir
con el tratamiento dopaminérgico, mientras que en otros pacientes los síntomas empeoraban. Tal y como sucede en cualquier tipo
de transplante de órganos o de tejidos, uno de los mayores obs-
táculos para el éxito de los trasplantes de células madre es la posible reacción de rechazo, por la cual el sistema natural de defensa
inmunitaria del organismo ataca las células recién implantadas.

Los primeros experimentos con células madre neuronales nos
han proporcionado una gran cantidad de datos básicos sobre las
células madre y sobre el trabajo que aún queda por hacer para que el
trasplante de células madre sea una terapia viable. A fin de que sea
eficaz, es necesario hacer que las células madre desempeñen específicamente la tarea deseada. Por ejemplo, si el tratamiento requiere
un incremento de la concentración de dopamina, como en la enfermedad de Parkinson, habrá que emplear células madre capaces
de convertirse en neuronas dopaminérgicas.

La búsqueda de un marcador de la enfermedad de Alzheimer

Lo primero que se ha de hacer para conseguir prevenir la enfermedad de Alzheimer es identificar a las personas en riesgo de padecerla, antes de su aparición o durante las fases presintomáticas, que son aquellas en las que la enfermedad existe, pero no es lo suficientemente intensa como para provocar síntomas clínicos.

Aún no disponemos de ningún marcador que nos permita identificar a la mayoría de las personas que están destinadas a sufrir Alzheimer. El desarrollo de técnicas que permitan la detección prematura es una de las principales vías de investigación. Aunque los genes susceptibles, como el ApoE, ofrecen datos parciales sobre los riesgos, hacen falta herramientas adicionales, como nuevas técnicas de diagnóstico por imagen, nuevos análisis bioquímicos y de sangre, así como pruebas neuropsicológicas más sensibles que las disponibles en la actualidad. En última instancia, la detección temprana del Alzheimer se basará en una combinación de todas estas técnicas.

Desafortunadamente, las células madre no llegan al laboratorio ya definidas. El desafío consiste en conseguir separar las células madre que se necesitan en cada caso, o en manipular genéticamente las células madre para que deriven en el tipo de célula deseado. Otro reto es desarrollar un método económicamente rentable para producir ese tipo de células en cantidades suficientes.

La investigación con células madre es controvertida porque las principales fuentes de células madre son los óvulos procedentes de la fecundación *in vitro* que han sido descartados y los fetos abortados. Después de que el gobierno de Estados Unidos limitara su apoyo financiero a un pequeño conjunto de líneas celulares existentes desde antes de septiembre de 2001, las investigaciones han tenido que ser financiadas por entidades privadas. En noviembre de 2004, los habitantes del Estado de California votaron a favor de una inversión de tres mil millones de dólares para el desarrollo y la investigación de células madre. Es probable que otros estados sigan este ejemplo. Varias instituciones privadas, como la Universidad de Harvard, han creado un fondo monetario y una infraestructura para apoyar las investigaciones.

También se están desarrollando otros métodos para producir células madre, como el uso de tejido procedente del cordel umbilical. Asimismo, la utilización de células madre procedentes de adultos es otro de los objetivos de diversas investigaciones. Aunque las células madre de los adultos no poseen la perfecta plasticidad de las células madre embrionarias, es decir, el potencial para llegar a ser cualquier tipo de célula del cuerpo humano, varios métodos en fase de desarrollo tratan de obtener un mayor número de tipos de células especializadas a partir de las células madre de personas adultas. Otras líneas de investigación se centran en conseguir medicamentos que estimulen al cerebro para que produzca sus propias células madre.

LOS POTENCIADORES COGNITIVOS

Imagine que está a punto de cumplirse el plazo de entrega de un proyecto y que necesita de toda su capacidad de concentración para llevarlo a buen término. ¿Le gustaría tomarse una píldora que pudiese potenciar su capacidad para seguir concentrado y ser capaz de recordar hasta los detalles más insignificantes? Pues si quiere, puede.

Los potenciadores cognitivos (medicamentos que incrementan las funciones de un cerebro normal) no son cosa del futuro. Están a nuestra disposición, lo único que necesitamos es una tarjeta de crédito y una conexión a Internet. Su fácil acceso supone graves riesgos de salud para las personas que los adquieren sin estar bajo supervisión médica. Recomendamos la máxima precaución antes de consumir estos compuestos.

Actualmente poseemos los conocimientos y las herramientas para poder modificar nuestro medio interno, nuestras capacidades de concentración y de atención al servicio de la memoria, para controlar el sueño y la vigilia, modificar nuestra tendencia hacia el compromiso social frente a la hostilidad o al retraimiento, para aumentar o disminuir la libido y el rendimiento sexual, y también para amplificar, reducir o modular las emociones que sentimos.

Los medicamentos aprobados oficialmente para el tratamiento de los trastornos cerebrales, como la enfermedad de Alzheimer, la esclerosis múltiple o el trastorno por déficit de atención con hiperactividad, están comenzando a administrarse a personas sanas para usos no autorizados, con el objetivo de que consigan que su rendimiento sea más competitivo. Varios estudios han evaluado la eficacia de alguno de los fármacos para el tratamiento del Alzheimer en personas de mediana edad con las funciones de la memoria en buen estado y, tal y como hemos explicado en el capítulo 8, se demostró que su rendimiento aumentaba en las pruebas de capacidad cognitiva. Pero esto es sólo el principio.

Los investigadores están estudiando si los medicamentos existentes pueden alterar los fundamentos fisiológicos de la capacidad cognitiva normal para mejorar la atención, la concentración, la memoria de trabajo, la consolidación de recuerdos y la memoria a largo plazo. Los medicamentos que se están estudiando son los inhibidores de la colinesterasa que se emplean para tratar los síntomas del Alzheimer, el metilfenidato (con el que se trata el trastorno por déficit de atención con hiperactividad) y el modafinilo (un estimulante prescrito para la narcolepsia y otras afecciones neurológicas).

Otra vía para la potenciación cognitiva que se encuentra en fase de estudio es la administración de medicamentos que puedan alterar el recuerdo de los acontecimientos traumáticos. Podemos interrumpir la consolidación de los recuerdos con la ayuda de betabloqueantes, un fármaco para la hipertensión. Las investigaciones en este campo se están realizando con víctimas de graves traumas psicológicos, para determinar si el uso de estos compuestos reduce el riesgo de desarrollar el trastorno de estrés postraumático.

Pero ¿qué opina usted del uso de estos medicamentos para eliminar recuerdos levemente traumáticos, como la pérdida de un trabajo o una ruptura sentimental? ¿Y si se tratara de una experiencia simplemente molesta, como un desaire de un compañero de trabajo? Si erradicamos completamente la depresión y la ansiedad, ¿perderá nuestra sociedad parte de su sensibilidad artística? ¿Y qué pasaría con el apego y los vínculos emocionales?

El interés en el desarrollo de los potenciadores cognitivos es tan intenso que no me cabe ninguna duda de que su uso se irá haciendo más habitual a medida que pasen los años. No obstante, la mera existencia de compuestos químicos que permiten extender la capacidad de las funciones cognitivas normales plantea una gran cantidad de preguntas de carácter ético y filosófico. Evidentemente, tomar una pastilla para pensar mejor es diferente de la cirugía refractiva con láser para mejorar la visión y de la cirugía plástica para mejorar el aspecto físico.

Martha Farah y Anjan Chatterjee, de la Universidad de Pensilvania, han escrito recientemente varios artículos sobre los dilemas éticos que se les plantean a los pacientes, a los médicos y a la sociedad en general ante la futura proliferación de los potenciadores cognitivos. Son preguntas sobre la erosión del carácter y la mutación de la identidad personal. Si creemos que lo que forja nuestro carácter es nuestra lucha contra la adversidad, entonces, al eliminar la adversidad, ¿no eliminaremos también nuestra fuerza como sociedad, nuestra compasión o nuestra moral? ¿Acaso el dolor y las emociones no son una parte esencial del ser humano?

¿Quién distribuiría estos medicamentos y cómo debería hacerlo? ¿Sería justo que los seguros sanitarios se hicieran cargo de los costes de los potenciadores cognitivos? Si la respuesta es que no, sólo aquellas personas con recursos económicos suficientes podrían acceder a los beneficios de estas sustancias, lo cual aumenta las desigualdades sociales.

Pongamos un ejemplo: Si uno de sus compañeros de trabajo utilizase potenciadores cognitivos, ¿se sentiría usted obligado a seguir su ejemplo para estar a su altura y en disposición de las ventajas que otorga un mayor rendimiento, como ascensos o aumentos de sueldo? ¿Tendría su superior derecho a esperar que usted consumiera potenciadores cognitivos para ser más productivo o eficaz como empleado? ¿Y si existieran pruebas de que el uso de los potenciadores reduce el riesgo de cometer graves errores, en profesiones como la de piloto aéreo, o en el caso de un residente médico en su vigésimo tercera hora de guardia?

REDEFINICIÓN DE LA MEMORIA ÓPTIMA

Vivimos en una época muy interesante. El mismo hecho de que nos enfrentemos a estos dilemas éticos y existenciales es un reflejo de cuán lejos hemos llegado en la comprensión del funcionamiento de la memoria y de nuestras perspectivas para mejorarlo. Es posible que en breve dispongamos de herramientas para erradicar los trastornos de la memoria y reinvertir el avance de las pérdidas de memoria relacionadas con la edad. Con estas herramientas a nuestra disposición, seremos capaces de expandir las fronteras de la memoria.

Índice analítico

SP
612.82 N424

Nelson, Aaron
Memoria : todo lo que se
necesita saber para no
olvidarse de las cosas
Acres Homes ADU CIRC
01/09

Friends of the
Houston Public Library